MAX SCHARNIGG

Die Besteigung der Eiger-Nordwand unter einer Treppe

ROMAN

| Hoffmann und Campe |

1. Auflage 2011
Copyright © 2011 by
Hoffmann und Campe Verlag, Hamburg
www.hoca.de
Satz: Dörlemann Satz, Lemförde
Gesetzt aus der Adobe Caslon Pro
Druck und Bindung:
Friedrich Pustet, Regensburg
Printed in Germany
ISBN 978-3-455-40313-8

Ein Unternehmen der
GANSKE VERLAGSGRUPPE

Für J.

Ich halte den Krieg und den Frieden in meiner Toga,
aber ich entscheide mich für den Cherry-Brandy-Flip.
RICHARD HUELSENBECK

I don't remember yesterday. Today it rained.
JOE TURNER, Three Days of the Condor

EINS

Es war der erste Donnerstag im April, an dem ich die Wohnung nicht mehr betrat. Damals schrieb ich seit Wochen an einem Artikel über die Erstbesteigung der Eiger-Nordwand, und auf der Stadt lag ein Föhn, der die Menschen unruhig machte und schnell.

Ich verließ die Zeitungsredaktion als Letzter und fuhr mit der U-Bahn nach Hause. Auf der Fahrt stand ich in Nachbarschaft zweier Männer in auffälligen Jacken. Sie hatten die Krägen bis fast unter das Kinn geschlossen und sprachen, halb in die eigene Jacke, halb zu ihrem Gegenüber, vom kommenden Wochenende. Ich hörte, wie der eine gerade »Abends wird es doch sicher genial« sagte, als sich das Geräusch der schließenden Türen über alles legte. Auf dem mir zugewandten Rücken des anderen standen in Großbuchstaben die Worte »Mammut Extreme« aufgestickt. Als ich sie in Gedanken tonlos vor mich hin sagte, kam die Ansage des U-Bahn-Fahrers, sodass es wie »Mammut Extreme Stiglmaierplatz« klang.

Von München aus war Anderl Heckmair mit seinem Freund Wiggerl nach Grindelwald geradelt, 1938 war das. Sie hatten direkt vor der Eiger-Nordwand ein

Zelt aufgeschlagen, ein paar Tage auf Wetter gewartet, sich mit Ovomaltine gestärkt und waren eingestiegen, in Wollpullovern. Unterwegs kamen sie an dem berühmten Bergsteiger Heinrich Harrer vorbei, der mit seiner Seilschaft schon länger in der Wand herumstocherte. Die Burschen hängten sich Harrer hintendran, und zu viert durchstiegen sie die Wand. Auf der Terrasse der Kleinen Scheidegg standen damals die Urlauber in Kniebundhosen und beobachteten den Aufstieg durchs Fernglas. Als Heckmair auf dem Gipfel ankam, war seine größte Sorge, dass er für die kommende Nacht keine Unterkunft finden würde, denn Wiggerl und er hatten kein Geld mehr. Später musste er als Soldat an die Ostfront, danach wurde er Bergführer in Oberstdorf. Vor zwei Monaten, am ersten Februar, ist Anderl Heckmair, der großartige Bezwinger des Eiger, gestorben. Das war mein achtundzwanzigster Geburtstag.

Ich war überarbeitet, M. hatte das gesagt, und es stimmte. Vor zwei Wochen hatte ich um Urlaub angefragt, aber keine Antwort bekommen. Vielleicht ahnten sie, dass es mir gar nicht um Urlaub ging. Mit Strandschirmen hatte ich nichts im Sinn. Was ich wollte, war eine freundliche Stille, wie sie auf einem kleinen Stadtfriedhof herrscht. Das schwebte mir als Urlaub vor, eine freundliche Stille, in der ich mich bewegen konnte.

Am Rotkreuzplatz stieg ich aus. Die Jacken fuhren weiter in den breiten Vorstadtgürtel, wo Müllberge planiert und darauf Reihenhaussiedlungen errichtet worden waren. Ich ging nicht durch die Leonrodstraße wie sonst, sondern bog erst eine Straße später ein. Die Gehsteige waren feucht und sauber. Vor mir ging eine junge Frau, die von hinten wie M. aussah mit ihrem dunkelblonden Pferdeschwanz. Aber sie war etwas größer und trug braune Lederstiefel, in denen ihre Jeans verschwand. Sie hatte es eilig, wie ich auch.

Wir waren vor etwas über zwei Jahren in das Haus an der Jutastraße gezogen. Es hatte geschneit damals, und die Heizung hatte nicht funktioniert, sodass wir die erste Woche frieren mussten und M. das Bett kaum verließ. Wenn ich aus der Redaktion zurückkam, machte mein Atem in den kahlen Zimmern Wolken.

Die junge Frau vor mir bog ebenfalls in die Jutastraße ein, was mich beunruhigte. Die Straße war nicht lang. Tatsächlich verlangsamte sie vor meiner Haustür den Schritt und zog mit einer kleinen Bewegung ihre Handtasche vor den Körper, um darin nach dem Schlüssel zu suchen. Ich blieb stehen, was aber nur wenige Sekunden lang vernünftig aussehen konnte. Dann wandte ich mich nach links, durchquerte eine Garageneinfahrt hin zu einem kleinen Gittertor, an dem das Schild »Türe schließen« hing. Durch den Hinterhof des Nachbarhauses kam ich in unseren Hinterhof, der aus einer niedrigen Baracke für Mülltonnen und einem kleinen Garten bestand, in dem die Frau des Hausmeisters Hortensien pflanzte.

Durch eine schwere Eisentür, die nur angelehnt war, betrat ich das Treppenhaus. Die Schritte der jungen Frau kamen von den hölzernen Treppenstufen über mir, während ich still stand. Sie hatte kein Licht angemacht, das Treppenhaus lag im Dunkeln, und das Dunkel roch ein wenig nach heißem Fleisch, denn es gab eine Metzgerei im Haus. Ich hörte, wie der Schritt der Frau einhielt und eine Tür aufgeschlossen wurde, ich vermutete, im dritten Stock. Wir wohnten im zweiten.

Der Lichtschalter gab mir erst auf den zweiten Druck Licht. In unserem Briefkasten steckte noch die Zeitung, was bedeutete, dass M. das Haus heute wieder nicht verlassen hatte. Langsam stieg ich mit der Zeitung unter dem Arm die Stufen hinauf. In unserer Wohnung brannte Licht, das durch das Milchglas der alten Tür warm und gleichmäßig in das Treppenhaus schien. Am Fuß der Tür stand ein Paar Schuhe. Für gewöhnlich stellte niemand Schuhe ins Treppenhaus, abgesehen von den Gummistiefeln der Kinder. Es waren die Halbschuhe eines Mannes, die ordentlich neben unserer Fußmatte abgestellt waren. Sie hatten eine sportliche, schmale Form, waren aber keine Turnschuhe. Ihr blassgrünes Leder war an einigen Stellen rissig, das Innenleder war gelb, von oben konnte ich die dunkel verfärbten Abdrücke von Fußballen sehen. Die Schnürsenkel schienen mir zu lang. Es waren nicht meine Schuhe.

Das Treppenhauslicht erlosch mit einem entfernten leisen Geräusch, ich stand im Dunkeln vor dem fremden Paar Schuhe an unserer Wohnungstür. Als wäre mit dem Licht auch ein Hintergrundgeräusch vergangen, wurde die Stille im Treppenhaus viel deutlicher. In einem der oberen Stockwerke mahlte eine Waschmaschine. Mein Magen brachte mit einem sauren Stechen das Unbehagen zum Ausdruck, das mich vor den fremden grünen Schuhen erfasste.

Es gab keine Erklärung für diese Schuhe, M. hatte keinen Bruder noch Freunde, die unangemeldet zu Besuch kommen würden. Es hatte solche Freunde gegeben, sicher, aber sie waren über die Jahre gänzlich verschwunden. Das gelbe Schuhfutter war auch im Dämmerlicht gut zu erkennen.

Von drinnen hörte ich Stimmen. Es sprach eine Frau, gedämpft, als spräche sie hinter zwei geschlossenen Türen, ich konnte nicht erkennen, ob es M. war. Die Stimme klang gelassen und sanft, als würde sie zu einem Menschen reden, der schon lange in einem warmen Raum sitzt. Die Männerstimme schien noch weiter weg, aber ich hörte deutlich die seltsam weichen, grolldunklen Silben, mit denen sie jedes dritte oder vierte Wort begann. Dann ging eine Tür auf, das Gespräch wurde lauter, ohne dass ich einzelne Worte verstehen konnte, weitere Türen gingen auf, beide Stimmen trugen sich nahe an mir vorbei. Ich hörte auf einmal direkt vor mir, wie von innen die Kette eingehängt wurde, jene Türkette, die von M. und mir jeden Abend in einer stillen Zeremonie benutzt wurde und ohne deren schützendes Klimpern wir nicht gänzlich zur Ruhe kommen konnten.

Die Stimmen wurden wieder schwächer, sie umarmten sich im Entfernen, wie mir schien, rührten sich unter Lachen ineinander, bis schließlich die Klospülung alles rauschend übertönte. Wir hatten eine sehr laute Klospülung, das Wasser stürzte dabei aus fast zwei Metern Höhe von einem Sammelbehälter an der Decke in die Schüssel. Ich trat einen Schritt von der Tür zurück. Unverändert schien das Licht durch die Milchglasscheibe in das Treppenhaus, aber es hatte von seiner Wärme verloren. Von drinnen klang jetzt Geschirr, das aus dem Schrank genommen und auf den Tisch gestellt wurde, immer umgeben vom ruhigen Gespräch der beiden Stimmen. Ganz leicht ging auch ein Geruch nach warmen Zwiebeln durch den Türspalt. Ich stand etwas atemlos, den Schlüssel in der Hand.

Mit einem entfernten Klicken sprang das Licht im Treppenhaus wieder an. Von unten hörte ich die Haustür schlagen und schnelle Schritte heraufkommen. Erschrocken wandte ich mich um, steckte den Schlüssel in die Manteltasche und ging hinunter, ganz so, als würde ich das Haus gerade verlassen. Auf dem Absatz der zweiten Treppe begegnete ich einem großen Mann. Er trug eine Brille mit modisch-dickem Kunststoffgestell und eine Hose ohne Gürtel, in der ein etwas mitgenommenes helles Hemd steckte. Wir nickten. Ich sagte zusätzlich Hallo, aber meine Stimmbänder waren trocken, sodass nur etwas wie Lo daraus wurde. Der große Mann lächelte im Vorübergehen, er war sehr schlank. Ich denke, er hat nichts bemerkt.

Ich ging weiter nach unten, als wäre ich in einer Filmszene, die noch nicht zu Ende gespielt ist, ging bis zu den Briefkästen, die neben der Tür zum Keller an der Wand hängen. Vor unserem Briefkasten blieb ich stehen, als hätte unser kleines Namensschild dieselbe Funktion wie das Nummernschild auf einem Firmenparkplatz, als könnte ich hier parken und den Motor abstellen.

Das Haus ist alt, es hat einen großen Eingangsbereich, über dem sich die Decke hoch wölbt. Die Wände sind bis zur Kinnhöhe mit blauen Kacheln verkleidet. Wieder ging das Licht aus, das Klicken der Zeitschaltuhr war jetzt ganz nah. Die Schritte des Mannes hatten sich jenseits des dritten Stocks verloren. Atmend nahm ich die Dunkelheit wieder an, die umfassender war als noch vor Minuten, als ich hier den Aufstieg der jungen Frau abgewartet hatte, die von hinten wie M. aussah.

Ich schloss für einen Moment die Augen. Auf den Innenseiten meiner Lider blinkten die grünen Schuhe vor unserer Tür. Die Schuhe gehörten einem Mann, der in unserer Wohnung war und sich mit M. unterhielt, auch in diesem Moment. Sie deckten den Tisch und ließen die Klospülung rauschen. Irgendetwas war vorgefallen.

Erst vor Stunden war ich in derselben Wohnung aufgestanden, hatte M. geweckt und, während ich mich vor dem Schrank anzog, mit ihr geredet, wie wir es jeden Morgen tun, in einem weichen, ihrem Erwachen angemessenen Rhythmus, in dem ich sie mit linden Pausen nach ihrem Schlaf befrage, nach Traumbildern und kleinen Unsinnigkeiten, die sich vielleicht ereignet hatten. Es waren Gespräche, während denen M. immer wieder einschlief und ich das Zimmer verließ, um mir vor dem Spiegel im Flur das Hemd zu knöpfen oder auf das Thermometer auf dem Balkon zu schauen. Das ergab jeweils eine vertrauliche Stille, in der das Gespräch unberührt abwartete, bis einer von uns es wieder aufnahm, ohne dabei eine gewisse Grenze zu überschreiten.

Ich versuchte, mich an M. heute Morgen zu erinnern, aber die Erinnerung verschwamm in den vielen Morgen, die ich sie so gesehen hatte, eingedreht in die Bettdecke, ein nacktes Bündel, von dem eine eigene Hitze ausging.

Mädchenroulade,

sagte ich zu ihr, und sie:

Lieb! Lass mich!

Ihre Füße schauten dabei unter der Decke hervor, aber wenn man sich ihnen näherte, verschwanden sie schnell wie Erdmännchen in ihrer Höhle.

Über was hatten wir geredet? Ich versuchte mir vorzustellen, wie ich das Hemd angezogen hatte, um von diesem Gedanken an unsere Sätze zu kommen, aber das Hemd bot keine Erinnerung. Ich besitze etwa zwei Dutzend weißer Hemden. Ein thailändischer Schneider, dem der rechte Daumen fehlt, schickt mir jedes Jahr im Herbst und im Frühling je zwei neue Hemden aus Bangkok. Sie sind eingepackt in einen Leinensack, auf den er stets einen Strauß getrockneter Blumen legt, wegen dem Zoll. Ich weiß nicht, ob die Blumen frisch sind, wenn er sie in Bangkok einpackt. Hier kommen sie als knisternde graurote Bündel an, M. hat sich angewöhnt, sie vorsichtig auszupacken und in alten Milchflaschen ohne Wasser in unserer Wohnung aufzustellen. Sie stehen auf Schränken, Tischen, Stühlen, und sie verändern sich nicht. Die Blumen sehen immer aus wie an dem Tag, an dem sie mit der Post bei uns ankamen. Es sind Sorten, die wir nicht kennen, manche wirken wie kleine, längliche Rosen, andere haben nur ein dunkelrotes Blütenblatt, das sich lederartig wie eine halb geschlossene Faust um sich selbst wölbt. Wenn man sie aus Versehen mit dem Arm streift oder die Vase umwirft, zerbröseln die Blumen schnell und vollständig zu grauem Staub. Eigentlich brauche ich gar keine Hemden mehr, aber M. machen die Blumenpakete solche Freude, dass ich sie Herrn Tamlih, so heißt der Schneider, weiter schicken lasse.

Hatte ich heute Morgen die Fenster geöffnet? Etwas über das Wetter gesagt? War die Sonne an den Rändern der Rollladen als gleißender Rahmen ins Zimmer gefallen? War M. nicht sogar aufgestanden, um ein Glas Wasser zu holen? Das alles konnte auch gestern oder gar nicht passiert sein. Ich sah durch das Treppengeländer nach oben, aber die Sicht reichte nur noch wenige Meter weit. Oben war alles von einer holzigen Finsternis. Ich hatte kein Verlangen, noch einmal hinaufzusteigen.

Unter der Treppe war Platz. Dort standen ein Kinderwagen und ein Korb für die Werbezeitungen, der gelegentlich vom Hausmeister geleert wurde. Wie ein halbes Dach ragte die Treppe darüber. Ich zog den Kinderwagen ein Stück zur Seite und war eingenommen von der Art, wie er sich rollen ließ. Dahinter war es vollkommen finster. Als Junge hatte ich in einem Zimmer unterm Dach gewohnt, mein Bett hatte direkt unter der Kante gestanden, an der die Dachschräge anfing. Gelegentlich stieß ich mir beim Aufstehen den Kopf, aber ich schlief gut und konnte noch Jahre, nachdem meine Eltern das Haus mit dem Dachzimmer verkauft hatten, nur einschlafen, wenn ich mir diese Dachschräge meines Kinderzimmers vorstellte.

Ich schlüpfte unter die Treppe. Der Boden war warm, unter den braunen Bodenfliesen musste ein Heizungsrohr verlaufen. Mit dem Rücken lehnte ich mich an die Wand, genau an der Stelle, wo ich den Kopf ohne Kraftaufwand an die Treppenschräge lehnen konnte. Mit den Füßen rangierte ich den Kinderwagen so vor mich, dass seine Breitseite meinen Sitz abschirmte. Den Papierkorb trat ich ihm wie einen Wachtturm rechts an die Seite. Interessant war, dass in dem Korb auch jene *Wachtturm*-Hefte lagen, die die Zeugen Jehovas unermüdlich im Haus verteilten. Der Korb war aus weißem, lackiertem Metall und machte, als ich ihn heranzog, ein knirschendes Geräusch, das scharf durch die Eingangshalle schnitt. Die Zeitung aus unserem Briefkasten legte ich mir als isolierende Schicht unter. Ich überlegte, was heute von mir darin stand, ein Zweispalter zu einem Fernsehfilm, und war zufrieden, dass es nun zu etwas nützte.

Meine Lage war bequem, ich saß auf dem warmen Boden, die ausgestreckten Beine erreichten knapp den

Kinderwagen, der mit einer Regenhülle verkleidet war und mich so nahezu vollständig abschirmte. An der Seite schloss der Papierkorb den Winkel, weil er etwas niedriger war als der Kinderwagen. Einen kurzen Moment lang dachte ich daran, auch noch meine Tasche neben den Papierkorb zu stellen. Das Verlangen, die Mauer weiter auszubauen, war groß. Aber es hätte von außen zweifellos seltsam ausgesehen. Das Holz und der Boden in meinem Versteck rochen nach altmodischen Reinigungsmitteln, wie der Raum in meiner alten Schule, wo die Linoldrucke zum Trocknen ausgelegt waren.

Den Mantel zog ich aus, als wäre ich zu Hause, und legte ihn zusammengefaltet neben die Tasche. Gerade als ich nachdachte, was ich an Nützlichem darin hatte, ging das Licht an und blendete mich, gleichzeitig hatte sich in unmittelbarer Nähe eine Tür geöffnet, und noch ehe ich meinem Erschrecken eine Form geben konnte, schritten zwei Beine in seltsamen schwarz-weiß karierten Hosen, die bis zum Knie mit einer fleckigen Schürze bedeckt waren, am Kinderwagen vorbei. Es war der Metzger. Ich sah noch, dass er eine rote Kunststoffwanne vor dem Bauch trug, dann verschwand er aus meinem Blickfeld, und die Eisentür zum Hinterhof schlug zu. Auf seinem Rückweg würde er einen besseren Blick auf mich haben, weil dann die offene Seite meines Treppenverstecks in seiner Richtung lag. Trotzdem wagte ich es nicht, mich zu bewegen und meine Position zu verändern, aus Angst, er könnte mich schon dabei ertappen.

Er hatte die Wohnungstür offen gelassen, und die Töne eines Fernsehers wallten zusammen mit dem warmen Fleischgeruch in mein Versteck. Beides passte gut zusammen, es war eine Essenz von Feierabend. Dann ging wieder die Eisentür, und für einen Moment sah ich dem Metzger direkt ins Gesicht, der mich aber im dunklen Treppeneck nicht wahrnahm. Die weißen Pantoffeln klappten vorbei, die Tür schloss sich wieder, und der Nebel aus Fleisch und Fernsehen dünnte aus. Das Licht erlosch, von weit schlug die Herz-Jesu-Kirche acht Uhr, und noch vor dem letzten Schlag fiel ich, ganz gegen meine Gewohnheit, in einen zufriedenen Schlaf.

ZWEI

Wann ich wach wurde, weiß ich nicht mehr. Geweckt hatten mich vielleicht Schritte, die über mich hinwegtraten, langsam und schwer. Bis ich zu mir kam, waren sie schon vergangen.

Ich hatte keine Armbanduhr. Wie spät war es? Das Geläut der Herz-Jesu-Kirche war ab zehn Uhr nachts ausgeschaltet und begann erst wieder um fünf Uhr früh. Das Haus lag sehr still, von der Straße waren keine Autos zu hören. Es gibt in Städten nur eine sehr kurze Zeit, in der sich gar nichts bewegt. Ich schätzte, es war drei Uhr. Falls das stimmte, hatte ich sieben Stunden unter der Treppe geschlafen. Dabei waren bestimmt Menschen vorbeigekommen, auf dem Weg zu ihren Wohnungen oder um den Müll in den Hof zu bringen. Hatte mich keiner bemerkt? Oder hatte man mich bemerkt und einfach liegen lassen? Meine Mauer aus Kinderwagen und Papierkorb wirkte unverändert.

Ich kannte kaum einen der Bewohner. Im Hausflur hatte ich nie mehr als ein paar Worte mit jemandem gesprochen, und jeder schien mir stets ganz neu und fremd. Ich habe Schwierigkeiten, mir Gesichter zu merken, nie aber vergesse ich Straßenecken oder Ausblicke.

Obwohl das Haus nicht groß ist und von höchstens zwanzig Parteien bewohnt wird, steht an den Samstagen zum Monatsende oft ein Umzugswagen vor der Tür. M. sitzt manchmal am Fenster und schaut zu. Es sind nur junge Leute, die einziehen, dabei sind die Mieten sehr hoch. Paare wie M. und ich, die morgens früh aufstehen und dann etwas zu schnell die Tür hinter sich zuschlagen, zu laut über die Treppe springen, um sich auf den Gehwegen mit großen Schritten in die Menge derjenigen einzureihen, die den U-Bahn-Schächten zustreben oder sich an den Parkplatz ihres Autos erinnern. An sonnigen Wochenenden breitet sich durch alle Wände des Hauses die Sorge aus, die Wohnung nicht schnell genug verlassen zu können. Schon um zehn Uhr morgens lässt an diesen Tagen die Ringstraße, die um die Stadt geht, ein stetes Brummen vernehmen, und alle, die eben noch in der Bäckerei um ein Steinofenbrot angestanden haben, stauen sich dann in ihren Autos an den Auffahrten zu den Autobahnen, die an den See oder in die Berge führen. Im besten Fall lässt sich beides an einem Tag erreichen. Und abends kehrt die ganze Stadt zurück in ihre Mauern, die Menschen übersonnt und eilig, als wären sie viel zu lange fort gewesen, fallen wieder ein, um sich hinter ihren Türen zu verschanzen. Ja, an den sonnigen Wochenenden ist diese Stadt wie Quecksilber, das sich morgens bis an alle Ränder ausdehnt, um sich abends wieder zu einem drangvollen Klumpen zusammenzuziehen.

Ich fühlte mich ausgeruht und zog die Beine an die

Brust. Mein Raum unter der Treppe erschien mir jetzt noch größer. Ich tastete die Holzverkleidung ab, die Hände waren kalt. Um sie wieder zu spüren, winkte ich in die Dunkelheit, als würde dort ein Zug abfahren, zunächst etwas verschämt, dann entschiedener, als säße in dem Zug eine reiche Erbtante. Dabei fiel mir ein Hotel in Kioto ein, von dem ich in einer Reisereportage gelesen hatte. Die Bediensteten dieses Hotels waren angehalten, den Gästen zum Abschied zu winken. Sie mussten noch winken, wenn das Taxi mit dem Gast schon um die Ecke gebogen war. Dann noch fünf Minuten.

Erst darauf fielen mir wieder M. und die Schuhe ein und dass etwas vorgefallen sein musste in unserer Wohnung, das ohne Beispiel war.

Wir hatten in unserer Beziehung nach und nach die Menschen um uns verloren, uns verlieren lassen. Im letzten Jahr hatten wir überhaupt keine Gäste mehr gehabt, es hatte sich einfach nicht ergeben. Anfangs, bevor M. richtig krank wurde, waren geplante Treffen nur verschoben worden. Später gingen wir ganz natürlich dazu über, Einladungen abzusagen, aus einem unbestimmten Gefühl des Unwillens heraus. Besucher waren uns nicht recht, solange M. im Bett lag. Und je länger ihre Krankheit dauerte, desto stimmiger schienen uns unsere vagen Einwände gegen jegliche Zusammenkünfte, die wir einander geziert vortrugen, als würden wir dem anderen freie Wahl lassen. Insgeheim wussten wir, dass der andere nur darauf wartete, die leichten

23

Zweifel aufzunehmen, sie gewissenhaft abzuwägen und schließlich zu verstärken, bis wir dann gemeinsam alles absagten.

Briefe und Postkarten versiegten zuerst, dann nahmen in einem natürlichen Schwund die Anrufe ab, schließlich stellte ich auf unseren Telefonabrechnungen fest, dass wir seit einem halben Jahr nur noch miteinander telefoniert hatten. Als ich M. davon erzählte, sahen wir uns lange an und forschten auch die Tage danach in unseren Gesichtern nach Sorge. Aber da war nichts. Es war in Ordnung, wie es war.

Natürlich hatte ich hin und wieder verpflichtende berufliche Abendtermine. Bei diesen Anlässen aber war es ganz von selbst meine Art geworden, mich in mich selbst zurückzuziehen, als ginge ich in mir nach Hause. Auch wenn ich dabei äußerlich im Oskar Maria an einem Tisch mit Krustentieren stand, war ich innerlich doch gerade in meine Wohnung getreten, hatte M. still umarmt und die immer schon halb geschlossenen Rollladen vor unseren Fenstern mit einem sanften Ruck ganz hinuntergezogen. Ich saß so gleichzeitig zu Hause und neben den Kollegen. Diese ideale Gewohnheit führte zu einem Vorfall auf der letzten Weihnachtsfeier des Verlags. Während der Rede, die der Geschäftsführer am Kopfende der langen Tafel hielt, entledigte ich mich in gewissenhafter Ruhe meiner Schuhe und Socken, schaukelte Letztere, wie ich es von daheim gewohnt war, am großen Zeh noch etwas herum, um sie schließlich mit Schwung abzuwerfen. Dies führte zwar zunächst zu einiger Irritation, geriet aber dank des nivellierenden Charakters, den solche Feiern anzunehmen pflegen, umgehend in Vergessenheit.

In gleichem Maß, wie mir unter der Treppe all das und noch einiges mehr durch den Kopf ging, wanderten die grünen Schuhe immer weiter über die Grenze des Denkbaren hinaus. Jeder meiner Versuche, sie wieder in die Nähe zu bringen, scheiterte, sodass ich die Schuhe schließlich in meinem Kopf isolierte, sie dort gleichsam einschloss, wie man ein Insekt unter einem umgedrehten Glas einschließt. Bald strömte anderes darüber.

Es war kalt. Das Heizrohr, das unter mir verlief, hatte seit Stunden an Wärme eingebüßt. Meine Augen hatten sich inzwischen so weit an die Dunkelheit gewöhnt, dass sich aus den Schatten wieder die Konturen meiner Umgebung fügten, Kinderwagen, Papierkorb, Metzgertür. Mir war zudem, als läge eine Ahnung von Licht in der Eingangshalle. Schon Tageslicht? Aber oben, bei den Fenstern im Treppenhaus, war es finster.

Das Licht quoll neben einer Fußmatte hervor. Ich war aufgestanden, um ein paar Schritte zu machen, und war schließlich an den Briefkästen und der Metzgertür vorbei in den kleinen Gang getreten, der sich gegenüber der Eisentür fortsetzte und an dem noch zwei Wohnungen lagen. Sie hatten andere Türen, ihnen fehlte das Milchglas, sie waren schmaler und nicht weiß lackiert. Eigentlich sahen sie gar nicht aus wie Wohnungseingänge, sondern wie Türen für Abstellkammern. Aber unter einer von ihnen zahnte der schwache Schein heraus, den ich unter der Treppe wahrgenommen hatte. Ich beugte mich zum Namensschild neben der Klingel, es war zu dunkel, und ich brauchte beinahe eine Minute, bis ich die Buchstaben in eine sinnvolle Reihenfolge bringen konnte. In engen Lettern stand dort geschrieben: Schmuskatz.

M. hätte das gefallen, dieser Nachname. Sie besitzt einen Zettelblock, auf dem sie Dinge notiert. Lustige Ausdrücke auf Schweizerdeutsch, vergessene Schriftstellerinnen, alte Obstsorten. Was sie liest oder hört und was ihr dabei Entzücken oder kurzen Schauder bereitet, verwahrt sie in dem Zettelblock, weil sie den Moment des Entdeckens so gern mag. Oder eigentlich nicht das Entdecken, sondern noch viel mehr den Moment des Begreifens, ganz ähnlich, wie das Schönste bei einem Witz ja nicht die Pointe ist, sondern die kleine Sekunde des Verstehens.

Hinter der Tür von Schmuskatz war es still. Vielleicht hatte man vergessen, das Licht auszumachen, vielleicht war es eine alte Frau, die nur im Hellen schlafen konnte. Draußen fuhr ein Wagen über das Kopfsteinpflaster, langsam, suchend, aber die Parkplätze waren für gewöhnlich um halb sechs alle vergeben.

Ich ging zurück in mein Versteck, kauerte mich unter der Treppe zusammen, verbesserte eine Kleinigkeit zwischen Kinderwagen und Papierkorb. Es war immer noch kalt, ich schloss, eingedenk des wohligen Schlafs, die Augen. Die Innenseiten meiner Lider zeigten nicht mehr die grünen Schuhe, sondern Anderl Heckmair als dunkelgelb konturiertes Bündel, gesichert von Seilen und Haken.

Ich kannte dieses Bild, es stammte nicht von einer Fotografie, sondern ich hatte es mir während der Arbeit an dem Eiger-Text selber zusammengesetzt, so wie man sich Szenen eines Romans beim Lesen zusammensetzt. Heckmair hatte mit seinen Kollegen zweimal in der Wand biwakiert, gesichert von einigen Seilen auf Felsvorsprüngen, die kaum breit genug für einen waren. Darunter fiel die Wand ab. So hatten sie die Nacht hindurch gehangen, von Lawinen überschüttet, an einem Berg, von dem nicht gewiss war, ob er von Menschen zu klettern wäre. Jede Geröilllawine hätte sie aus der Wand werfen können.

Dagegen war mein Biwak unter der Treppe wie ein Ferienhaus. Wenn man im Winter am Berg zu einem Biwak gezwungen wird, muss man sich sofort im Schnee eingraben, das hatte ich in einem der alten Bergbücher gelesen. Die Wände müssen mit dem eigenen Atem oder einer Streichholzflamme vereist werden, damit sie stabiler sind. Am Boden muss man eine Kälterinne anlegen und hoffen, dass es in der Nacht nicht noch zwei Meter schneit.

Lange überlegte ich dann, wann ich einmal zwei Meter Schnee gesehen hatte: Nie.

DREI

Die Zeit verging unter der Treppe wie anderswo auch.
Ich hatte überhaupt kein Bedürfnis nach Bewegung und
Abwechslung. Mir war nicht langweilig. In einer Art
Wachschlaf schrieb ich an der Eiger-Besteigung, ohne
natürlich wirklich daran zu schreiben. Trotzdem waren
diese Überlegungen sehr detailliert und so präzise, dass
ich nach einigen Stunden die Sätze in meinem Kopf lö-
schen konnte und der restliche Text einfach nachrückte,
ich konnte auch ganze Passagen verschieben und andere
noch einmal in Ruhe Korrektur lesen. Diese Arbeit
nahm mich sehr in Anspruch, der Text war mittlerweile
auf neun Seiten angewachsen, und ständig stückte ich
weitere Teile an.

In den Pausen lauschte ich den Schritten der Menschen, die über mich hinwegtraten, und begann dazu
einen weiteren Kopftext, einen Katalog, der aus den
Steckbriefen der Schritte bestand. Es waren gewaltige
und dennoch pointierte Aufwürfe, ähnlich den Notizen,
die sich ein Sommelier beim Weinverkosten macht.

Da war eine Frau, die morgens von ganz oben aus
dem vierten Stock herunterkam und jede Stufe mit solch
federnder Wucht trat, dass ich schon vor ihrer Passage

den Kopf zwischen die Knie beugte, als säße ich in einem abstürzenden Flugzeug. Noch Minuten, nachdem die Tramplerin das Haus verlassen hatte, ächzten die Stufen, ganz so, als würden sie sich langsam wieder entspannen und zurück in ihre alten Fugen kriechen. Mit jedem Morgen, an dem mir die knallenden Sprünge aus dem vierten Stock entgegendonnerten, wuchs meine Abneigung dagegen.

Abends, wenn die Frau nach Hause kam, konnte ich ihre Schritte von denen der anderen kaum unterscheiden. Sie donnerten nur morgens. Die Menschen gingen abends anders durch das Treppenhaus als morgens, sie schlichen in ihre Wohnungen zurück, gingen müde oder erleichtert oder waren mit Einkaufstüten so schwer beladen, dass sie nach jedem Schritt eine winzige Pause einlegen mussten, ganz so, als atmeten sie dünne Luft. Wenn einer so ging, stellte ich mir vor, es wäre Heckmair, der gerade die letzten Schritte über den Nordgrat auf den Gipfel machte. Manche blieben auch nach dem ersten Treppenabsatz stehen, um aus dem Fenster zu sehen.

Viel Zeit verbrachte ich in den ersten Tagen unter der Treppe mit der Sorge, entdeckt zu werden. Ich hatte mir für diesen Fall einen Dialog ausgedacht, den ich unablässig abänderte und neu durchspielte, ausschmückte oder straffte. Meine Verteidigung, ich ging davon aus, dass es einer Verteidigung bedurfte, bestand in allen Varianten vor allem darin, so zu tun, als wäre ich eher unabsichtlich unter der Treppe zum Sitzen gekommen.

Als hätte ich nur für einen Moment einen Platz gesucht und die Treppenbeuge hätte sich eben angeboten. Im Verbund mit einer liebenswerten Portion Zerstreutheit und einer überzeugenden Schließlich-warum-auch-nicht?-Haltung sollte das genügen, um meine Entdecker zu bannen und so lange in den Hinterhof zu entwischen, bis sie sich, um ein kleines Erlebnis reicher, wieder verzogen.

Ich hatte nicht vor, die Treppe zu verlassen. Der Eiger-Text, so viel war abzusehen, würde noch einige Zeit in Anspruch nehmen, und ich hätte keinen besseren Arbeitsplatz dafür gewusst als das fortwährende Dunkel dieses Halbortes, der den Augen der Menschen niemals Anlass für einen Blick zu geben schien.

An die Redaktion verschwendete ich kaum Gedanken. Die Zeitung erschien schließlich jeden Tag auch ohne mich, wurde morgens gegen sechs von einem geschäftigen Albino in die Briefkastenschlitze gestopft wie Sprengladungen in einen Fels. Nicht selten drückte sich bei dieser Behandlung die Seite Eins zusammen, und so sahen mich oft den ganzen Tag die ineinandergestauchten Schlagzeilen an, seltsam verkürzte Worte, die unsichtbar im Schlund des Briefkastens endeten.

Das Einzige, was ich in dieser Zeit las, waren die Werbeprospekte, die aus den Zeitungen herausfielen oder von den Bewohnern in den Papierkorb geworfen wurden. Unter diesen Beilagen bevorzugte ich diejenigen der Großsupermärkte, deren Inhalt einem beruhigend gleichbleibenden Muster folgte. Am Anfang kam immer das Fleisch. Das Fleisch war die wichtigste Nachricht des Supermarkts. Ich blätterte die Seiten wie eine Zeitung durch und las die Anzeigen, als ginge es um etwas. Und ganz so, als gäbe es Veränderungen zu berichten, erschienen diese Beilagen alle drei Tage neu, mit einem anderen Fleischthema auf der ersten Seite und ein paar neuen Würsten im Innenteil.

Ich hatte keinen Hunger unter der Treppe. Die ersten Tage erklärte ich mir das mit meinem Verzicht auf Bewegung, schon bald aber musste ich mir eingestehen, dass selbst bei kleinstem Energieaufwand ein Auszehren bemerkbar sein müsste. Stattdessen empfand ich jedoch eine Sättigung, die sich zuweilen in ein Völlegefühl steigerte. Es war darin eine Regel, die mit den Gerüchen aus der Metzgerei in Zusammenhang stehen musste, denn jenes intensive Gefühl machte sich ausschließlich an Leberkästagen bemerkbar. Ich hatte zunächst keine Zeit, das genauer zu überprüfen. Wenn ich manchmal aus einer Laune heraus versuchte, Hunger zu bekommen, fühlte ich mich jedenfalls wie ein Geiger, der etwas zum Vortrag bringen will, aber kein Instrument dazu hat. Es war ein beinahe fortschrittliches Gefühl, ohne Stoffwechsel zu sein, als wäre ich ein Spezialmensch. Doch ich dachte nicht sonderlich viel darüber nach.

Zu den interessanten Beobachtungen unter der Treppe gehörte auch, dass es noch eine andere Gruppe von Hausbewohnern gab. Eine zweite Besatzung des Hauses, die mit der ersten, den Menschen, die Miete und Müllabfuhr bezahlten, nicht in Kontakt kam und von der ich ohne mein Versteck nichts gewusst hätte.

Wenn das Haus leer lag, um die frühen Mittagsstunden herum, betraten zunächst, immer einzeln, Stadtstreicher das Haus. Sie kamen über die Hoftür herein oder nutzten die nicht ganz ins Schloss gefallene Haustür, schlenderten ruhig durch die Eingangshalle und stellten ihre Tüten und Beutel ab, mit einer Sorgfalt, als würden sie beim Arzt ihre Kleider ablegen. Sie prüften die Briefkästen mit einem wohlwollenden Blick und stiegen schließlich ein paar Stufen die Treppe hinauf. Wie ein Admiral auf der Schiffsbrücke schritten sie genüsslich über mich hinweg, drehten sich auf der Stelle und streichelten über den blanken Handlauf, auf dem ihre krustigen Hände ein zartes, knisterndes Geräusch machten. Dann atmeten sie, sogen hörbar und ungestört die Hausluft ein, verkosteten regelrecht den Geschmack nach Reinigungsmitteln und Wandfarbe und stießen Seufzer der Behaglichkeit aus. Nie gingen sie bis in den ersten Stock, auf einer gewissen Höhe der Treppe machten sie kehrt und bewegten sich in größter Gemütsruhe wieder nach unten. Dort sahen sie noch einmal nach den Zeitungen, als prüften sie deren ordnungsgemäße Verteilung, studierten das Klemmbrett, an dem Schlüsselfirmen und Pizzabäcker ihre Dienste anboten, nahmen ihre Tüten und Beutel wieder auf und verschwanden.

Etwas später kamen Männer und Frauen, deren Aufgabe ich nicht recht zuordnen konnte. Es waren dünne

Menschen mittleren Alters, die sich mit einer unange-
nehmen Flüchtigkeit bewegten. Sie verharrten, zunächst
lauschend, gekrümmt eine Minute direkt vor meinem
Versteck, als würden sie Stock für Stock in das Haus
hineinhorchen, als hätten sie, im Gegensatz zu anderen, ein spezielles Sinnesorgan für Gebäude. Nach dieser Peilung traten sie nahe an die Briefkästen, lasen
die Namen ab, sahen sich die zugesandten Kataloge an
und auch die Absender der Briefumschläge, die aus den
Schlitzen ragten. Schließlich stiegen sie in jedes Stock-
werk, wo sich ihre Tätigkeit meiner Beobachtung ent-
zog. Das Letzte, was ich dabei von ihnen vernahm, waren die sich entfernenden Schritte, sie gingen allesamt
auf den Außenseiten ihrer Schuhe, auf Rändern, und
hinterließen dabei nichts als ein enges Schleifen. Nach
einigen Minuten kamen sie auf die gleiche Weise zurück
und machten beim Hinausgehen mit einer schnellen
Bewegung ein Zeichen an den Treppenpfeiler, ein vage
gebogenes Strichlein aus Kreide, das mir zuvor nie aufgefallen war. Ich weiß nicht, in welchem Amt diese
dünnen Männer waren, aber sie kamen mit bemerkenswerter Regelmäßigkeit und wirkten nie anders als geschäftig und auf eine Art nervös, wie es Archäologen
sind, die ahnen, dass sie sich auf Fundgebiet bewegen.

Zwischendurch kamen immer wieder auch die
Hunde. Sie durchquerten das Haus wie nebenbei, einige
beschleunigten sogar ihren Schritt, als nähmen sie eine
Abkürzung, jagten durch die angelehnte Tür in den
Hinterhof und von dort aus durch die Zäune. Manche

blieben witternd an der Tür des Metzgers stehen, die meisten aber nutzten die im ruhigen Licht dämmernden Wände der Eingangshalle, um sich anzulehnen. Ich bin kein Hundekenner, eigentlich verabscheue ich sie sogar ein wenig, doch die Art, wie sich die Hunde dort für einige Momente anlehnten, war mir seltsam nahe. Sie ähnelten Menschen, die abends auf der Heimfahrt in der U-Bahn ihren Kopf an das Fenster lehnen, erschöpft und in der Gewissheit, dass ihnen nur ein kurzer Moment so gestattet ist.

Die Stadtstreicher und die Hunde hinterließen keine Spuren im Haus, und nie habe ich erlebt, dass sie mit Bewohnern zusammentrafen. Sie sahen mich nicht, und ich hatte nicht das Gefühl, dass ich ihr Treiben fürchten musste, weder unter der Treppe noch –

– noch in der Wohnung, fügte mein Gehirn nach einiger Überlegung die richtige Erinnerung hinzu.

Die Unsichtbarkeit, die ich mit dem Einzug unter die Treppe erlangt hatte, erforschte ich mit anhaltendem Interesse. Zunächst brachte mir jeder Bewohner, der sich meinem Versteck näherte, das Ende meines Aufenthalts in Sicht. Ich sah mich beim ersten Anzeichen des Entdeckens voreilig aufstehen, den auswendigen Dialog absolvieren, aber selbst nach erfolgreicher Rückkehr unter die Treppe der Ruhe beraubt und fortan der Störung ausgesetzt. Meine Wachsamkeit bereitete mich in dieser Anfangszeit zuverlässig auf andere Menschen vor, die ihre Briefkästen öffneten oder in den Hinterhof gingen, wo ihre Fahrräder standen. Sie schwächte sich aber nach einigen Tagen in dem Maß ab, in dem ich mich an die gänzlich leeren Blicke gewöhnte, mit denen sie mein Versteck säumten. Sie schienen nichts zu sehen oder zumindest ihrer Gewohnheit nachzugeben, dass es dort nichts zu sehen gab.

Dazu muss ich sagen, dass ich schon immer zu den Menschen gehörte, deren Anwesenheit in der Welt mit einer gewissen Unscheinbarkeit einhergeht. So gab es Konferenzen, bei welchen ich hinterher meine Teilnahme durch extra für diesen Fall angefertigte Notizen beweisen musste, weil mich währenddessen keiner gesehen hatte. Schon in der Schule tauchte, trotz meiner lückenlosen Anwesenheit, mein Name zwei- bis dreimal pro Halbjahr in der Absenzliste auf, die der Klassenlehrer führte. Auch Kinder und Tiere zeigten stets wenig Interesse an mir. Selbst wenn ich direkt vor ihnen stand, blieben ihre Blicke nicht an mir hängen, sondern gingen durch mich hindurch in eine Ferne, die fortwährend hinter mir zu liegen schien.

M. war, wenn ich es recht überlege, die Erste, die mich von Anfang an sah, die mich sogar unter anderen Menschen suchte. Das erste Mal während einer Veranstaltung im Literaturhaus der Stadt, wo in den Gewölben im Erdgeschoss Schautafeln aufgestellt waren mit Ausschnitten und Fotos einer Illustrierten aus den fünfziger Jahren. Ich war eingeladen worden, mit Studenten über Journalismus im Wandel der Zeit zu sprechen. Genauer gesagt, mein Chef war eingeladen worden, und ich musste ihn vertreten.

Die Studenten saßen in einem Halbkreis aus Tischen um mich herum, viele von ihnen älter als ich. Ich achtete vor allem auf ihre Beine, die unter den Tischen aufgereiht standen wie in einer Auslage. M. trug ein helles Kleid und kleine, abgelaufene Schuhe ohne Glanz. Sie fragte nichts, während sich ihre Kommilitonen in vorlautem Scharfsinn zu übertrumpfen suchten. Jedes Mal, wenn ich den Kopf in M.s Richtung wandte, streifte mich etwas mit großer Helligkeit. Etwas vom Licht eines Leuchtturms.

Die Veranstaltung selbst geriet zu einem Schiffbruch. Ungenügend vorbereitet, hatte ich in dem Ringen zwischen Dozent und Studenten nichts zu suchen. Sie erkannten das schnell und verbannten mich und meine Anmerkungen in eine unerbittliche Isolation. Schließlich gab ich vor, telefonieren zu müssen, und verließ ohne weiteres Abwarten den Raum.

Draußen, im Vorraum des Saales, stand der Hausbär von Thomas Mann. Er erschien mir jedes Mal, wenn ich ihn sah, kleiner und wilder, ganz so, als würde er in der Präparation langsam zu seinem eigenen Konzentrat schrumpfen. Der Bär trug eine polierte Schale auf den erhobenen Vorderpfoten, als wollte er mit gefletschten Zähnen Kuchen servieren. Die Schale war gerade von einer Bürgerin gespendet worden. Ihr Vater hatte sie gestohlen, als die Nazis den Hausrat der Familie Mann versteigerten, und die Frau hatte bis jetzt Angst gehabt, dieses Vergehen gegen die Nazis zuzugeben.

Im Glaskasten, der dem abgewetzten Bären zum

Schutz aufgesetzt worden war, spiegelte sich die Tür des Raumes, den ich gerade verlassen hatte. In diesem lichten Spiegel sah ich das abermalige Öffnen der Tür und das Heraustreten kleiner, glanzloser Schuhe. Meine Bitte, dass ihr die anderen nicht folgten, war so stark, dass ich auch diese Bitte einen Moment lang neben meinem rechten Ohr gespiegelt sah. Ein Lindenblatt. Die Tür schloss sich wieder. M. trat zu mir und begrüßte mich und den Bären schweigend und mit großer Herzlichkeit.

Am anstrengendsten ist meine Unscheinbarkeit übrigens in Restaurants, wo ich Kellner oft erst durch mehrmaliges Ansprechen von meiner Anwesenheit überzeugen kann. Fast immer sind es italienische Restaurants, in denen diese Szenen geschehen. Es gibt davon in der Stadt so viele, dass sich das Heimweh ihrer Wirte und Köche an Tagen mit hoher Luftfeuchtigkeit zu großen, auberginefarbigen Wolken ballt, die dann zunächst noch eine Weile über der Stadt stehen und schließlich gemeinsam über die Alpen ziehen, wo sie sich verteilen und abregnen, eine jede über dem Landstrich ihres Wirtes.

VIER

Eines Morgens war der Kinderwagen verschwunden. Die Stelle in der Holzverkleidung, an der ich meinen Kopf aufzulegen pflegte, hatte sich zu dieser Zeit bereits dunkel und leicht glänzend verfärbt, eine Entdeckung, die mich auf schwer erklärbare Weise mit Genugtuung erfüllte.

Ich war davon ausgegangen, dass der Kinderwagen nicht mehr gebraucht würde, dass er abgestellt hier stand und seinem Besitzer bei jedem Vorbeigehen einen Stich versetzte, den dieser hinzunehmen gewohnt war und der ihn erst recht davon abhielt, den Wagen in den Keller oder zum Sperrmüll zu bringen. Die einzige Familie im Haus mit einem kleinen Kind zerrte den dazugehörigen Wagen immer die Treppe hinauf. Das ergab über meinem Kopf ein Geräusch, das sich wohltuend von den Schritten unterschied.

Ohne den Kinderwagen waren der Platz und der Boden vor mir so nackt. Der neue Raum schien sich unter meinem langsam erwachenden und tastenden Blick mehrmals zu verändern. Ganz so, als ob man mit einem Fernglas die Schärfe suchte, eilten meine Augen von einer Seite zur anderen und konnten doch nach Abschluss aller Erkundungen mit der entstandenen Situation nicht zufrieden sein. Der Papierkorb stand jetzt als etwas sehr Geringes am Rand. Wenn ich meine Beine ausstreckte, fehlte ihnen das Gestelldickicht des Kinderwagens, in dem sie bisher lagern konnten. Sie ragten kahl und lang ins Offene. Mein Unbehagen über diese Veränderung glich dem Ärger, mit dem man das Fällen eines Baumes begleitet, der jahrelang zur Fensteraussicht beigetragen hat.

An meine Unsichtbarkeit rührte das Fehlen des Hauptschutzes indes nicht. Die Bewohner passierten mein Treppenversteck an diesem Morgen wie gewohnt und in jener Reihenfolge, an die sich unter der Woche jeder in bemerkenswerter Genauigkeit hielt. Doch obwohl ich nicht gesehen wurde, kam meine Arbeit ins Stocken. Mir unerklärlich, waren weite Abschnitte der Eiger-Besteigung nicht mehr vorhanden. So fand ich die ganze Überquerung der Weißen Spinne, bis heute die Schlüsselstelle jeder Eiger-Besteigung und damit auch jedes Textes darüber, nach mühsamer Suche nur in einer älteren Version. Von einem sauren Stechen im Magen begleitet, überflog ich Sätze, die ganz unvollkommen waren, las Wendungen, die ich längst getilgt glaubte, fand in jeder Zeile Schreibfehler und Ungenauigkeiten, angesichts derer ich mich gleichermaßen schämte und erregte. Eine eilige Durchsicht des gesamten Textes brachte die verwirrende Erkenntnis, dass andere Abschnitte in derselben Makellosigkeit standen, in der ich sie gestern hinterlassen hatte.

Weitere wiederum schienen in ungleiche Stadien der Vollendung zurückgeworfen, und einige Stellen, Übergänge und Randbemerkungen konnte ich gar nicht erinnern. Sooft ich es versuchte, sah ich sie kurz, aber nie lange genug, um das Vermisste klar zu erkennen.

Das Feststellen der Schäden und das zunächst notdürftige Sichern nahmen den ganzen Vormittag und Teile des Nachmittags in Anspruch. Ich war so darin versunken, dass ich den Schritt zu spät bemerkte. Anders war er als alle, und er kam von oben. In den ersten Tagen unter der Treppe, in denen ich meinen Katalog der Schritte anlegte, hatte ich immer wieder versucht, mir M.s Gang zu denken. Dazu ließ ich sie in Gedanken vor und neben mir gehen, begleitete sie noch einmal durch die Galerien und über die Märkte, die ich mit ihr besucht hatte, ohne jedoch zu einem brauchbaren Ergebnis zu kommen.

Jetzt lag im Nachhall das Gesuchte vor mir. Es war Gehen, das nicht ganz dem Vorwärts zu dienen schien. Die Schritte zogen sich mit jedem Vorstoß klein wieder zurück, berührten auf diese Weise kaum den Boden und mussten alle paar Stufen einen winzig hüpfenden Zwischentritt einlegen, um dem Rhythmus der Treppe gerecht zu werden. All dies setzte ich mit Verzögerung zusammen, und bis ich es gedeutet und die aufgeblätterte Eiger-Besteigung eilig abgelegt hatte, ging die Haustür mit einem leichten Nachbeben des Türglases schon wieder ins Schloss. Das Hausinnere lag in Fäden aus Sonne, in denen sich Staubpartikel langsam bewegten. Auf und nieder.

Ihr ruhiges Durcheinander störte der Metzger, den ich von allen Bewohnern am häufigsten sah. Er musste im Hinterhof einen Kühlraum haben, denn abends und morgens trug er flache rote Plastikkisten an mir vorbei, manchmal auch nur ein eingeschweißtes Stück Fleisch, das von seinen breiten Armen baumelte wie eine Handtasche. Alle paar Tage trat er außerdem kurz vor dem Ende seiner Mittagspause mit einer Plastiktüte aus der Wohnung, an die der kleine Laden anschloss. Die weiße Tüte hängte er an die Tür von Schmuskatz. Nie sah ich den Empfänger der Tüte. Ich redete mir ein, dass Schmuskatz mein Einschlafen gezielt abpasste, denn wenn ich morgens aufwachte, war die Tüte an der Tür stets verschwunden.

Ich versuchte, wieder die Textarbeit aufzunehmen, aber alles war in Unruhe. Der verschwundene Kinderwagen und dazu M.s Schritte hatten mich verwirrt. Ich bemühte mich immer wieder, diese Schritte abzuspielen, akribisch, wie man versucht, sich die letzten Worte eines Verstorbenen zu vergegenwärtigen. Sie hatte nicht nach dem Briefkasten gesehen und war, ohne zu zögern, gegangen.

Das letzte Mal, als wir zusammen das Haus verlassen hatten, vor drei oder vier Wochen, war sie wie üblich noch im Treppenhaus umgekehrt unter dem Vorwand, ihren Schlüssel vergessen zu haben. Ich hatte damals zehn Minuten vor dem Schaufenster des Metzgers gewartet, dann war M. vorsichtig aus der Haustür getreten. Sie hatte sich umgezogen, trug statt des hellen Rocks eine dunkle Hose, sah verlegen zu Boden, nahm wie eine Bitte um Nachsicht schnell meine Hand und legte ihre kraftlos dazu.

Wenn ich nicht mehr mag, gehen wir, ja?

Was ist?

Nur so, bitte, nur so.

Wir waren dann nur zwei Runden um unseren Block gegangen und nicht ins Restaurant, denn M. hatte nach ein paar Metern an meiner Hand vorgeschlagen, doch daheim zu essen, sie hatte mit einer bebenden kleinen Verzweiflung darum gefleht, und ich war einverstanden. Zurück in unserer Wohnung, band sie sich die Schürze um und tanzte durch die Küche. Sie war eine ganz andere als noch auf der Straße, wo sie schweigsam und in Eile war, nicht ansprechbar, als machte ein inneres Gewühl sie taub. Dieses Gewühl in M. war die Angst.

Sie hatte die Angst nicht seit jeher, die Angst war erst irgendwann bei uns eingezogen wie ein kranker Verwandter. Im ersten Jahr war sie noch nicht da, auch wenn M. heute behauptet, ich hätte sie nur nicht gesehen.

Unser Treffpunkt war damals eine Bank im Hofgarten gewesen, genau zwischen ihrer Universität und meiner Redaktion. Nach unserer Begegnung im Literaturhaus hatten wir uns dort verabredet, und fortan kamen wir jeden Tag zu der Bank, immer zur Zeit wie beim ersten Treffen, ohne dass wir uns darauf verständigt hätten. Wir waren schüchtern und gleichzeitig nicht in der Lage, diesen Wesenszug beim anderen zu erkennen, sodass von Anfang an ein vertrautes Gleichgewicht entstand.

Keiner wagte es in den ersten Wochen, eine Verabredung für den nächsten Tag einzufordern. Dem stillen Aufeinandertreffen im Hofgarten, das sich jeden Tag wiederholte, ging immer aufs Neue eine vage Hoffnung voran. Ich war mir jeden Tag sicher, M. würde nicht kommen, und versuchte die Qual dieser Vorstellung zu lindern, indem ich mir die gewöhnlichsten Gründe für ihr Nichterscheinen ausdachte. Gewissenhaft steckte ich jedes Mal ein Buch, je nach Stimmung entweder *Pan* von Knut Hamsun oder Byrons *Tagebücher,* in meine Tasche. Ich habe bis heute keine Zeile dieser beiden Bücher gelesen.

M. kam immer. Sie hatte in ihrem Fahrradkorb entweder Canettis *Blendung* oder ein Buch von Françoise Sagan. Sie hat allerdings beide gelesen, später.

Wir waren uns sehr ähnlich. Hatte ich Byron geladen, kam sie immer mit Sagan. So verliebten sich auch die Bücher, und heute stehen in M.s Regal Byron und Sagan nebeneinander, und Canetti und Hamsun liegen bei mir zusammen, denn ich pflege meine Bücher zu kniehohen Türmen zu stapeln.

Mit den Treffen im Hofgarten verging ein Sommer, ohne dass wir etwas anderes unternahmen, als nebeneinander auf der Bank zu sitzen. Die Rotbuchenhecke, die uns dabei gegen die Stadt abschirmte, bekam schon kahle Stellen, als M. sich eines Tages nicht setzen wollte, sondern meine Hand nahm und wir, sehr vorsichtig, diesen ersten Platz verließen.

FÜNF

Die Unordnung unter der Treppe ließ sich nur schwer wieder auf ein erträgliches Maß beschränken. Gleichzeitig hatte ich damit keine Eile. Ich lastete die Vorfälle dieses Morgens einem Baufehler an, einem schiefen Gerüst, in das ich eilig zu viel geschichtet hatte, sodass es schließlich zusammenbrechen musste.

Diese Unachtsamkeit kenne ich seit jeher von mir, sie gehört zu mir wie die Abneigung gegen bestimmte Geräusche. Ich bewundere Menschen, die ihre Ideen sorgfältig ausbreiten und Stück für Stück sauber zusammensetzen können, ohne der Ungeduld zu erliegen. Ich aber folge in solchen Situationen stets Abkürzungen und Bequemlichkeiten.

Das wollte ich nun vermeiden und sortierte den ganzen Tag lang mit großer Sorgfalt meine Kopftexte, wobei ich die entstehenden Freiräume wie eine Erfrischung genoss. Während es um die Mittagsstunden im Haus ruhig war, kamen gegen vier Uhr die ersten Bewohner zurück und brachten einen Geschmack nach Getretenem und Ausgeatmetem in das Haus. Ich kümmerte mich nicht weiter um sie, hatte die Beine angezogen und gab mich ganz dem Ordnen und Neubeginn hin. Ich legte jene Textteile der Eiger-Besteigung, die mir unverändert schienen, in einer Ecke ab und breitete alles, was lückenhaft wirkte, vorsichtig vor mir aus, voll Sorge, dass ein neuerlicher Windhauch die verstreuten Einzelteile vollständig verwirren könnte. Wie ein Arzt bei einer Operation, steril und mit präzisen Bewegungen, arbeitete ich in dem Bewusstsein, dass etwas Lebendiges geöffnet vor mir lag.

Ein Teil des Textes blieb trotz sorgfältiger Suche unauffindbar, und zwar jener, der die Annäherung Heckmairs an den Fuß der Eiger-Wand behandelte. Ich suchte die Satzanfänge immer wieder nach dem erlösenden Kontaktstück ab, doch zwischen Heckmairs Anreise und den ersten Seillängen in der Wand gab es in meiner Erzählung eine Fehlstelle. Wieder und wieder ging ich es durch, aber es fand sich nichts mehr dazu. Noch beunruhigender war, dass ich tatsächlich nicht mehr wusste, was ich dort geschrieben hatte. Auch mein Recherchearchiv bot keinen Aufschluss.

Heckmairs Annäherung an die Eiger-Nordwand war mir verlorengegangen, kein Schritt und kein Bild waren davon übrig geblieben, und unter meinen Lidern konnte ich nur die geschlossene Haustür sehen, die hinter M. zugefallen war. Sie war rot und violett. Ich betrachtete sie lange.

Eh, was übrigens machen Sie da?

Die rote und violette Tür auf meinen Lidern zerging. Statt ihrer erschienen diese Wörter, die wie die Schrift auf einer Leuchtreklame von rechts nach links fuhren, viel zu schnell. Nach ihrer Durchfahrt, das wusste ich, würde ich die Augen öffnen müssen, und nichts wäre mehr, wie es war.

Den alten Mann hatte ich im Haus noch nie gesehen. Er stand, im Gehen gestoppt und deshalb mit dem ganzen Körper seltsam seitlich zu mir, keine drei Meter entfernt und trug eine alte Baumwolltasche an langen Henkeln über der Schulter. Seine grauen Haare fielen lang vom Kopf herunter in einer Art, dass kein Mensch sie bemerken würde. Um seinen Hals hing eine Kordel, deren Aufgabe es war, eine Brille zu halten. Die Brille ruhte nun auf seinem Bauch, der ausladend, aber keinesfalls unpassend vor ihm stand.

Noch immer lag die Frage des Mannes in der Luft. Er sah mich freundlich an. Ich wusste, dass meine auswendigen Dialoge hier nicht richtig waren. So sagte ich:

Ich arbeite.

Ohne einen Moment des Befremdens erwiderte er:

Sie arbeiten unter der Treppe.

Es ist auch meine Treppe, ich wohne im zweiten Stock.

Wie lange sitzen Sie schon hier?

Ich kann es nicht genau sagen, eine ganze Weile jedenfalls, einige Tage, zwei Wochen, mehr wohl nicht.

Der alte Mann machte einen Schritt. In seinem Ausdruck lag nichts Besonderes, was mich enttäuschte, weil ich etwas anderes erwartet hatte. Er nahm seine Brille in die Hand. In diesem Moment erst, da er nur noch wenige Schritte von seiner Tür entfernt stand, dachte ich, dass es Schmuskatz war, Schmuskatz sein musste. Die Art, wie die weiße Baumwolltasche an seiner Schulter hing, wie er jetzt mit der Brille nachdenklich auf mich deutete, das war Schmuskatz in Reinform.

Möchten Sie mit rein?

Die Brille wies auf die Tür.

Ich hockte immer noch mit angezogenen Knien da, mein Mund, das fiel mir jetzt auf, war durch das lange Schweigen ungelenk, es knackte im Kiefer, als ich sprach.

Zu Ihnen?

Ja, ich wohne hier. Ich heiße Schmuskatz. Es ist, ich meine, ich koche heute. Es gibt Paprikahendl.

Er sprach weich, seine Stimme ging zwischen den Worten spazieren, ganz ohne Hast. Das Paprikahendl warf mich um. Ein ungeheures Wort, wie eine neue Sonne, die über meinen Wortbergen aufging, von dort zwischen die Sätze aus Granit und Gletschereis strahlte, sich durch die Ausdrücke wühlte, mit denen Bergsteiger ihre Arbeit benennen. Zwischen Klemmen, Schlosserei und Haken gab das Paprikahendl seine rote Wärme. Es schmolz sich geradezu durch meine Arbeit der letzten Tage hindurch. Ich tropfte.

Und?

Ich, ich muss nur zuvor noch ein wenig aufräumen.

Schmuskatz nickte, lächelte nach Art alter Männer mit Geduld und Nachsicht und holte einen Schlüssel aus der Tasche.

Eh, es dauert noch ein Weilchen.

Das sprach er mehr in den Raum hinter der geöffneten Tür als zu mir, schloss sie aber nicht hinter sich, sondern ließ sie lose angelehnt.

Ich sackte an die Wand. Das also war es nun. Es hatte sich etwas ergeben, Schmuskatz konnte mich sehen, wie ich unter der Treppe saß. Ich hatte von seinen ersten Worten an Angst gehabt, mein Text könnte nun ganz verloren sein, in der Art, wie die Fotos von M. verlorengegangen waren, als ich einmal zu früh ihr kleines Entwicklungszimmer betrat. Lautlos schwanden sie, und M. sah mich nicht an, legte nur müde die Hände auf den Tisch. Eine solche Spannung war auch unter der Treppe gewesen, wie eine immer glatte Wasseroberfläche, auf der nun Wellen schlugen.

Aber der Text war noch da. Alle neuerlichen Korrekturen, meine verbesserte Ordnung der Seiten, lagen klar vor mir, mein wunderbares neues Textgerüst glänzte metallisch in der Sonne.

Ich konnte mir so schlecht die Minuten denken. Wie viel Zeit war vergangen seit der Unterhaltung, die mir schon wieder entglitt? Penibel ging ich den gesprochenen Wendungen immer wieder nach und schielte dabei zu seiner Tür. Sie war angelehnt, also war alles, alles echt. Und wie als Beweis für die Echtheit drehte sich in meinem Kopf die Unruhe dieses Tages, drehten sich M. und der Kinderwagen, die verlorenen Seiten und die Worte von Schmuskatz und erzeugten mit einem Summen einen feinen, kreisförmigen Schmerz.

Ich war angegriffen. Die Neuigkeiten bereiteten mir

organisatorische Schwierigkeiten, deren Ausmaße ich zunächst nicht überblicken konnte. Worin mochte der Anfang dessen bestehen, was nun zu tun war? Ich betrachtete, weil es fürs Erste das Einfachste war, angestrengt meine Hose und Schuhe, an die ich seit geraumer Zeit keine Gedanken verschwendet hatte. Ich war nicht fähig, eine Einschätzung darüber abzugeben. Waren sie in einem Zustand, der weitgehend jenem Zustand entsprach, den man von Hosen und Schuhen erwartete? Waren meine Hemdmanschetten erträglich, das Weiß meines Hemdes wie das Weiß aller Hemden? Ich konnte es nicht sagen, obwohl ich noch wusste, dass ich die Maßstäbe für all diese Dinge einmal gekannt hatte, sogar im kleinen Kreis darüber doziert hatte, wenn sich die Gelegenheit ergab.

Ich fuhr mit beiden Händen über die Kleidungsstücke, nahm den Hosenstoff unterhalb des Knies zwischen zwei Finger und rieb ihn nachdenklich und eine unbestimmte Zeit lang. Aber die Reibung, die nicht unangenehm war, verriet mir nichts, ich war nicht damit vertraut. Schließlich gelangte ich zu der Überzeugung, dass meine Erscheinung noch weitgehend dieselbe war wie jene, mit der ich einst unter die Treppe gezogen war. Ja, ich konnte an mir keinerlei Unterschied feststellen.

Weitere Schwierigkeiten bereitete das Aufstehen. Ich dachte über die Bewegung nach und musste dabei in einem Zustand großer Konzentration bleiben, denn immer wieder schien mir schon das bloße Nachdenken darüber, wie ich nun aufstehen und Arme und Beine strecken würde, so körperlich nahe, als hätte ich es bereits getan. Diese Überlagerung kannte ich bisher nur von den Minuten, die vergehen, bevor man einschläft, wenn sich erste Traumbilder zwischen die letzten echten Wahrnehmungen schieben und man für einige Momente durch eine Welt geht, die sich aus beiden Seiten bestückt.

Zwei- oder dreimal stand ich also in Gedanken bereits vor meinem Versteck und fühlte mich bereit für die nächsten Schritte, ohne aber den ersten überhaupt und in Wirklichkeit getan zu haben. Als ich meine Beine schließlich tatsächlich mittels halblaut gesprochener Befehle in einen senkrechten Zustand gebracht hatte, prüfte ich die Echtheit dieser Empfindung gewissenhaft nach. Ich tat dies, indem ich beobachtete, ob ich mit ausgestreckten Armen einen rechten Winkel zu meinen Knien herstellen konnte. Diese Haltung, eine versteinerte Vorbereitung zu einer Kniebeuge, behielt ich für einige Zeit bei, bis ich auch aus den entlegensten Gebieten meines Körpers Rückmeldung bekam. Es ergab sich ein umfassendes Ziehen und Einrenken, ein Spannen der Muskeln bis zu den Augenbrauen, gefolgt von einer großen Gänsehaut, die mich schüttelte. Erstmals seit sehr langer Zeit fühlte ich mich dem Wachen wieder näher als dem Schlaf.

Ich ging in die Hocke und legte sorgfältiger als sonst den Text ab, rückte Tasche und Mantel, meine einzigen Möbelstücke, zu denen ich aber keine innige Verbin-

dung herstellen konnte, näher zusammen. Den Papierkorb stellte ich meinen Unterlagen zum Schutz vor.

Stehend betrachtete ich meinen Platz, der im Halb-
dunkel des frühen Abends lag. Ungern und mit Schuld-
gefühlen verließ ich die Stelle, als würde ich mich
außerhalb der zugelassenen Zeiten von meinem Arbeitsplatz entfernen. Schließlich aber wandte ich mit einer
heftigen Bewegung den Kopf ab. Ungesichert querte ich
den Hausflur zur Tür.

SECHS

Schmuskatz' Tür lehnte auf eine Art an, dass ein Fingerbreit Luft dazwischen spazieren gehen konnte. An diesem Spalt auf und nieder lief mein Blick und erfasste die Umrisse eines neuen Raumes. Ich sah die Hälfte einer Holzbank, auf der sich Bücher und Mappen in erstaunlicher Höhe stapelten. Direkt vor mir ragte etwas ins Sichtfeld, das ich nicht einordnen konnte, ein helles Stück Federn, das sich sehr gekrümmt hielt. Ohne dass ich es anordnete, griff meine Hand danach, die Tür schwang weiter auf. Ich streichelte einen ausgestopften Reiher. Das Stück war hässlich auf eine eindeutige Art, der dürre, gereckte Rumpf des Tieres war zerzaust, hatte kahle Stellen, an denen eine graue Matte zu sehen war, Vogelleder. Ein harzgelbes Kunstauge blickte mich unverwandt an. Ich schauderte für einen Moment, wie immer, wenn ich toten Tieren begegne, als sei in mir ein lautloser Gong geschlagen worden. Der Flur, in dem ich stand, war schmal und wollte nicht eigentlich zu der Tür passen, durch die ich eingetreten war, er wirkte wie der Flur eines viel kleineren Hauses, einer Hütte, wobei Hütten vielleicht gar keine Flure haben.

Kommen Sie, kommen Sie!

Am Ende des Gangs hatte sich eine Tür mit Milchglasfenster geöffnet, und die Finger des Alten trommelten auf dem weißen Türrahmen einen ungeduldigen Walzertakt, mit dem er mein Näherkommen begleitete.

Die Küche hatte ein Fenster, hinter dem eine Forsythie blühte. Schmuskatz folgte meinem Blick, der daran kleben blieb.

Schrecklich, finden Sie nicht auch? Viel zu schnell, viel zu freigebig und insgesamt ordinär wie ein Bahnhofskiosk. Diese Farbe! Kennen Sie einen bedeutenden Maler, der je eine Forsythie gemalt hätte? Jeden Frühling zwei Wochen vor meinem Fenster und danach das langweiligste Grün. Was für eine Existenz, nicht wahr, zwei Wochen lang ordinär und den Rest langweilig, und das mitten in der Stadt, meinen Sie nicht?

Schmuskatz hatte, das fiel mir nun auf, einen leichten Dialekt aus den Alpen. Etwas nach Heu und sonnenverbrannten Holzschindeln klang aus seinen Worten.

Ich,

sagte ich, die Augen noch immer in die Blüten versenkt.

Ich beschäftige mich derzeit mit Bergen und Felsen. Es ist …

Weiter wusste ich nicht. Die Eiger-Geschichte jetzt zu erzählen, dafür war es zu früh. Schmuskatz hatte sich wieder seinen Dingen zugewandt und öffnete die Ofenklappe eines alten Herdes aus weißer Emaille, der überall Abplatzer hatte. Heiße Ofenluft ging sogleich in die

Küche, ein Aufwind aus rotem Salz und Thymian. Mich erfasste ein Schwindel, ich setzte mich, den Rücken zur Forsythie. Die Stühle waren gepolsterte Plastikstühle mit blauem Bezug, die mich an die Jugendzentren erinnerten, in denen ich als Journalist oft herumgestanden hatte, in Erwartung einer Einweihung oder eines Auftritts. Die vier mal vier Stuhlbeine waren alle etwas breiter in ihrer Anordnung als vorgesehen, was bedeuten musste, dass sie schon lange mit viel Gewicht belastet wurden.

Wieder ging er meinem Blick nach.

Ich benutze sie alle vier gleichmäßig, seit einundvierzig Jahren, jede Woche ein anderer Stuhl. Allerdings, wenn Sie öfter kommen, muss ich mein System anpassen, aber das ist kein Problem, hören Sie, das mache ich gern. Wie heißen Sie im Übrigen?

Er drehte sich um und ließ mir beim Erinnern höflich Zeit. Schnell zog ich mir den Anfang der Eiger-Geschichte vor Augen, wo unter der vorläufigen Überschrift »Das Letzte der alpinen Probleme. Gipfelfahrt zum Eiger« mein Name stehen musste.

Von Nikol Nanz,

stand da, in gesperrten Buchstaben. Ich akzeptierte es wie ein Leser.

Ich heiße Nanz, also, Nikol Nanz.

Schmuskatz, der inzwischen mit dem Oberkörper in einem eintürigen Schrank verschwunden war, hörte auf zu kramen.

Nikol?

Er sprach den Namen durch die Schrankwand, und darauf schob ich es, dass mir die beiden Silben so wenig vertraut vorkamen. Immerhin brachte ich so zum ersten Mal den Mut auf, ihn direkt anzusehen, wenn er redete, wobei ich ihn freilich nicht sah, nur seinen Rumpf, aber etwas von der Beklemmung, die mich seit seinen ersten Worten befallen hatte, zerstäubte bei diesem freien Blick.

Eh, na herrlich, ein seltener Name.

Er tauchte wieder auf und sah mich an. Dann verschwand er im Flur, die kleine Büchse in der Hand, die er aus den Schranktiefen mitgebracht hatte.

Ihm zum Gefolge erzählte ich in einigen Sätzen die Umstände meines Vornamens, die mit meinem Großvater zu tun hatten. Ich hatte diese Geschichte schon so oft vorgetragen, dass mir die Sätze gewissermaßen auswendig vorlagen und ich sie nur wie aus einem Regal nehmen musste. Ich variierte die Erzählung von Fall zu Fall lediglich in ihrer Ausführlichkeit.

Der Großvater Nanz war, wenn ich mich auch kaum an ihn erinnern kann, denn als er starb, war ich sieben Jahre alt, ein hünenhafter Mensch, an dem alles, Stimme, Bart, Geist, stark waren. So erzählten es nach seinem Tod alle, die ihn gekannt hatten, und sie erzählten es noch nach Jahren, wenn ich in das kleine Dorf im Bayerischen Wald kam, wo sein Haus bis heute abseits von den anderen auf einer Anhöhe steht, die allgemein »Katzbuckel« oder nur »Buckl« genannt wird. Weil den Großvater selten etwas überragte, hatte er eine krankhafte Abneigung gegen alles, was ihn vom Amt her und künstlich überragte, vor allem gegen die Kirche und den Staat und ihre Vertreter.

Ich erinnere mich, dass er stets vor dem Dunkelwerden auf der Bank vor seinem Haus saß und mit seiner großen Hand auf den kleinen Ort zu unseren Füßen zeigte, aus dem das rotspeckige Dach eines Kirchturms spitzte. Der Großvater maß den Turm jeden Abend genüsslich zwischen Daumen und Zeigefinger, um ihn schließlich langsam mit seinen riesigen Fingern zu zerquetschen. Dabei machte er ein eigentümliches Geräusch, wie ein bedrohliches, umgedrehtes Zischen, einen Ton, mit dem etwas für immer eingesaugt wird. Der Großvater Nanz konnte die Dinge einfach so wegzischen, das begriff ich schon als Kind.

Dieser Mann hatte bei meiner Geburt den Namen Nikol vorgeschlagen, in Erinnerung an Nikol List, der der größte Kirchendieb und Räuberhauptmann aller Zeiten und deshalb ein Held meines Großvaters gewesen war. Nikol List hatte vor dreihundert Jahren in der Michaeliskirche in Lüneburg die Goldene Tafel abgeräumt, zehn Pfund Edelsteine vom Altar gerissen. Die Kirchentür hatte er mit einem Nachschlüssel geöffnet. Er war auch noch in andere Kirchen eingebrochen, aber die Michaeliskirche zu Lüneburg war sein Opus magnum, für das ihm nach seiner Ergreifung erst Arme und Beine gebrochen wurden, bevor er schließlich geköpft und aufgespießt wurde. Das war mein Namenspatron.

Schmuskatz blieb verschwunden, während ich das dem ausgestopften Reiher erzählte. Ich war nicht sicher, ob ich ihm folgen sollte, und setzte jeden Schritt zögernd in die Richtung, aus der schleifende Geräusche kamen, bis ich schließlich an der Schwelle eines Zimmers am Ende des Gangs stehen blieb.

Der Alte war in den Himmel gewachsen. Er stand auf der letzten Sprosse einer Trittleiter vor einem Bücherregal, das den Raum auf allen vier Seiten bis unter die Decke ausmaß und auch ein Fenster rahmte. In seiner Hand hielt er noch die Dose aus dem Schrank, es war Majoran. Mit der anderen fuhr er die Buchrücken ab, so schnell, dass sein Finger dabei ein weich ratterndes Geräusch machte. Das Zimmer war dunkel und eng, was an den Regalen lag, die sich übervoll und mit zusätzlich auskragenden Bücherstapeln gegenüberstanden, als planten sie, demnächst zusammenzuwachsen. Das restliche Mobiliar bestand aus einem kleinen Tisch in der Mitte, auf dem eine Bakelitlampe mit einem altmodischen Drehschalter am Schirm stand, und zwei Stühlen mit orientalischen Kissen.

Guter Mann.

Wie bitte?

Eh, Ihr Großvater, der Kirchenzerquetscher. Ich bekomme in Kirchen übrigens immer Schluckauf, ja, spätestens am Weihwasserbecken habe ich einen Schluckauf von ganz unchristlicher Härte, und ich sage Ihnen, ein Schluckauf in einem großen Kirchenschiff, die Kuppel zwanzig Meter über Ihrem Kopf, das ist etwas anderes als ein Schluckauf in der Telefonzelle, es ist, als würde Ihr Kopf ins Endlose schlagen. Deswegen gehe ich nicht mehr hin. Als Kind war das noch anders, da war ich sehr oft in welchen, ich bin in Wien aufgewachsen, wissen Sie, da gibt es mehr Kirchen als Bäcker, und ich kroch damals als Kind stundenlang über Kirchenböden.

Er drehte sich wieder zu dem Finger auf den Buchrücken, der von selbst gestoppt war, während Schmuskatz noch mit mir geredet hatte, und nun auf einem schmalen Band lag. Zufrieden zog er das Buch heraus.

Warum?

Warum was, die Kirchenböden? Eh, ich suchte Versteinerungen. Dieser Kirchenkalk ist meistens voll von Ammoniten, wussten Sie das nicht? Und ich hatte damals im Keller ein Buch über Erdgeschichte gelesen, das müsste hier auch irgendwo stehen, hat aber keine Widmung, Wissenschaftsbücher werden sehr selten brauchbar gewidmet. Die Kirchenböden waren die einzige Möglichkeit, richtige Versteinerungen zu sehen, meine Eltern hätten mich nie zu einem Steinbruch gelassen. Im Boden der Gatterhölzlkirche hatte ich einen erstaunlichen Trilobiten gefunden, gleich am Austritt der vorletzten Bankreihe links. Wissen Sie, was ein Trilobit ist? Wissen Sie, was die Gatterhölzlkirche ist?

Er wartete meine Antwort nicht ab, worüber ich froh war. Denn Schmuskatz' sich überschlagende Sätze hatten eine seltsame Wirkung. Ich konnte sie sehen. Wenn er sprach, zogen sie samt Satzzeichen und Absätzen durch meinen Kopf, schrieben sich Zeile für Zeile auf die Stapel leerer Seiten, die jederzeit für die Eiger-Geschichte bereitlagen. Jedes seiner »wissen Sie« und »eh« sah ich dort gedruckt, als wäre ich ein Trichter, der Gesprochenes in gedruckte Sätze umwandelt. Es war nicht unangenehm, nur verwirrend, denn es fühlte sich an, als würde Schmuskatz, sobald er den Mund auftat, in meinem Kopf an einer Geschichte schreiben. Ich hatte wohl, das dachte ich in diesem Moment zum ersten Mal, zu lange unter der Treppe gesessen.

Ein Kopffüßer, komisches Tier, wie eine Kinderfaust mit Rillen. Nun, er war perfekt, der Trilobit in der Gatterhölzl. Der Kalkstein war dort nicht so glatt poliert wie in anderen Kirchen, er war dick und hatte Wülste und Kanten, und in einer Mulde neben der Bank war der Trilobit eingewachsen. Stundenlang lag ich davor, halb in der Bankreihe. Mein erster Fund! Und jeden Tag trampelten diese alten Weiber darüber, können Sie sich vorstellen, so richtig alte Kirchenweiber, die es heute gar nicht mehr gibt, standen darauf herum und taten heilig. Das hat mir wehgetan, deswegen bin ich eines Tages mit Hammer und Meißel hin, die ich aus der Werkzeugtasche unseres Bettgehers genommen hatte, und habe angefangen, meinen Trilobiten aus dem Kirchenboden zu schlagen. Ich wollte ihn mitnehmen. Das hat gedonnert, können Sie sich das vorstellen? Es ging eine ganze Weile gut, aber dann kam jemand und hat mich verprügelt. Stand sogar in der Zeitung. Hätte Ihrem Großvater gefallen, eh? So, jetzt aber.

Schmuskatz war von der Trittleiter balanciert, hatte im wenigen, was das Fenster an Licht gegen die Übermacht der Bücher ausrichten konnte, den schmalen Band betrachtet und die erste Seite aufgeschlagen. Mit einer unerwartet grazilen Bewegung drehte er sich zu mir um und reichte mir das Buch.

Hier, das ist für Sie.

Ich nahm das Buch, langsam, um Schmuskatz Zeit für eine Erklärung zu geben, die doch unweigerlich folgen musste. Aber er blieb still. Es war *Das Paradies ist nebenan* von Cees Nooteboom, in einer safrangelben Ausgabe. Langsam blätterte ich durch die ersten Seiten, unfähig zu erraten, was der alte Mann von mir erwartete. Bis ich auf der dritten Seite die Widmung sah. »Pour Nicole et pour notre ami aux cheveux gris«, stand dort gedruckt.

Sehen Sie, es ist für Sie.

In seiner Stimme lag Triumph und noch mehr, es lag darin die Erklärung für die ganze Bibliothek.

Sie haben sie nach Widmungen geordnet?

Schmuskatz strahlte, ein vergnügter Faltenwurf. Stolz lief er die vier Himmelsrichtungen der Bibliothek ab.

Eh, jaja, exactement, so ist es, die besten Widmungen, die beste Widmungssammlung, will ich meinen. All diese Bücher sind einem Menschen gewidmet und alphabetisch nach den Widmungsnamen sortiert. Fast jedem europäischen Namen wurde schon mal ein Buch zugeeignet, wissen Sie, und es ist doch ein unvergleichliches Gefühl, diese Bücher ihren Namensträgern zu

61

überreichen, ich meine, auf jeden Fall eine nette Pointe, nicht wahr?

Er zeigte auf das kleine gelbe Buch in meiner Hand. Dann sah er sehr interessiert und wie nach langer Zeit auf die Dose Majoran und verließ ohne weiteres Abwarten das Zimmer. Ich huschte ergriffen hinterher.

Das ist sehr nett. Aber ich heiße Nikol mit k, hier ist wahrscheinlich eine Nicole gemeint, eine Frau, sehen Sie, ihr ist das Buch gewidmet.

Schmuskatz sagte nichts, gab nur gemahlenen Majoran auf einem Löffel in die Bratform im Ofen, aber sein Rücken drückte Missbilligung aus. Sein Kopf war gerötet, als er sich umdrehte und mich ansah:

Für mich sind Sie jetzt eben Nicole. Eh, geben Sie zu, das klingt doch genauso, und das c ist um einiges eleganter als dieses monströse k, nicht wahr? Eine Nikol-Widmung gibt es nicht, nie davon gehört. Und jetzt suchen Sie sich einen Platz. Das Essen ist fertig.

SIEBEN

Rückblickend betrachtet war das Essen bei Schmuskatz ein großer Erfolg. Es hatte jenen Glanz, den die Dinge brauchen, damit sie zum Anfang einer Gewohnheit werden können. In der Minute, als Schmuskatz das Paprikahendl auftrug, kam der Hunger zurück, der mich so lange Zeit verlassen hatte. Die Küchentür öffnete sich lautlos, und hindurch kamen alle Hunger auf einmal: der nach Unterhaltung und Gespräch, der nach Geschmack und Feuchtigkeit, der nach dem Widerhall meiner Stimme und nach den Farben des Tals. Ich war an diesem Abend bei Schmuskatz wie ein Bergsteiger, der absteigt und mit jedem Meter Leben zurückgewinnt.

Was wir sprachen, weiß ich nicht mehr, nur, dass er mich nicht nach den Umständen fragte, die mich unter die Treppe gebracht hatten, und ich ihn nicht nach den Umständen, die ihn in die Jutastraße gebracht hatten. Das Einzige, was ich von unserem Gespräch in Erinnerung habe, ist, dass es verschlungen war, in sich verbissen wie zwei Kröten beim Laichtanz, liebevoll, aber ungelenk.

Seine Geschichten umarmten jede meiner Anmerkungen. Was ich erzählte, beulte er in alle Richtungen aus. Er war alt, aber wendiger als ich. Einmal fasste er sich an den Kopf:

Haben Sie es schon bemerkt, eh? Ich vergesse die Sachen. Ich erzähle sie Ihnen vielleicht drei Mal, mein Lieber, beim vierten Mal dürfen Sie mich ein wenig erschießen.

Dazu zeigte er auf die Küchenschublade und kicherte. Ich sah nicht nach, zweifelte aber nicht daran, dass in der Schublade etwas war, das sein Erzählen erneut in Schwung bringen würde.

Das ganze Essen über lag das Buch mit der Widmung, meiner Widmung, neben meinem Teller, und wann immer mein Blick darauffiel, überwältigte mich das Gefühl eines Beschenktseins, wie ich es nie empfunden hatte, obwohl es nur ein dünnes, an den Rändern abgetragenes Buch war. Geschenke erfüllten mich immer mit Misstrauen, ich wich ihnen aus, wo es ging. Wenn es sich nicht vermeiden ließ, nahm ich sie in Empfang und versuchte die Erwartungen der Schenker nicht nur zu erfüllen, sondern zu übertreffen, indem ich mir Übertreibungen ausdachte, so lange, bis alle Beteiligten übersatt waren und man sich erschöpft anderem zuwenden konnte. Bei diesem Geschenk von Schmuskatz empfand ich anders. Es war, als wäre es tatsächlich mein Geschenk und nicht irgendeine fremde Sache, an deren Besitz ich mich vor Publikum zu gewöhnen hatte.

Schmuskatz schien vergnügt über unser Zusammen-

treffen, ohne davon überwältigt zu sein. Sein Entgegen-
kommen ähnelte nicht dem Überschwang, mit dem
meine Großmutter uns Kinder in den Sommerferien
empfangen hatte und den sie uns bei jedem Schritt spüren ließ. Es war eher die geneigte Nachlässigkeit, die ein
alter Lehrer seinen Schülern in der letzten Stunde des
Schuljahres zubilligt, wenn er sich auf die Fensterbank
des Klassenzimmers setzt und die Schüler in loser Reihenfolge erzählen lässt, was sie in den Sommerferien
vorhaben, nicht ohne jeden dieser Pläne mit einem net-
ten Zusatz oder einer eigenen Erinnerung anzureichern,
die aus einem endlosen Archiv goldener Zeiten zu stammen scheinen.

So saßen wir und sprachen, und es störte mich nicht,
dass die Teller mit den Überresten des Huhns die ganze
Zeit zwischen uns standen. Sooft Schmuskatz sie bemerkte, konnte ich ihm dabei zusehen, wie er sie mit
Verzögerung identifizierte, dann mit einem kläglichen
Ausdruck ihre Überflüssigkeit feststellte und schon die
Hand an den Tellerrand legte, um schließlich doch lieber wieder seinen Worten zu folgen, denen die Hand
gleich unterstützend zur Seite sprang.

Am Schluss, das Gelb der Forsythie hinter dem Küchenfenster war schwärendes Dunkel geworden, bot
Schmuskatz wie nebenbei an, in der Widmungsbibliothek ein Feldbett für mich aufzustellen. Ich dankte ihm,
erläuterte aber die vorläufige Notwendigkeit, unter die
Treppe zurückzukehren. Er nahm es als gleich gut hin,
begleitete mich an dem ausgestopften Reiher vorbei zur

Tür und sah mir zu, wie ich mich auf meinen kurzen Heimweg unter die Treppe machte.

Ich lasse die Tür angelehnt, nur für den Fall,

sagte er und verschwand. Es blieb von ihm bloß ein schmaler Lichtspalt, den seine Tür in meine Richtung ausließ und dessen Licht schließlich verlosch.

Dieser kleine Spalt, der für mich offen stand. Das Buch mit der Widmung in meiner Hand. Dazu die ordentliche Ruhe unter der Treppe. Eine Ruhe, wie man sie auch empfindet, wenn man einer Festgesellschaft in später Nacht den Rücken kehrt und allein in sein still wartendes Auto steigt. Diese Umstände besorgten es, dass ich an der gewohnten Stelle sogleich in einen traumlosen Schlaf fiel, der deutlich länger und tiefer war als andere, an die ich mich erinnere.

Am nächsten Tag verbrachte ich unter meiner Treppe weniger Zeit als erwartet damit, das Schmuskatz'sche zu ergründen, die Veränderung abzustecken, die damit einherging, dass es hier jetzt für mich einen Herrn Schmuskatz gab. Bald sah ich: Es war nicht *die* Veränderung, es war nur *eine* Veränderung. Die Eiger-Geschichte blieb davon unberührt. M. in der Wohnung zwei Stockwerke über mir blieb davon unberührt. Ihre Angst war doch wohl so wenig verschwunden wie mein Platz in der Treppenbeuge des Hauses. Die Hunde kamen wieder mit den Mittagssonnenstrahlen in das Treppenhaus, um auszuruhen, die Schritte über mir sortierten sich von selbst in die zugewiesenen Muster, und alles hatte seine Ordnung, sodass ich mich ohne größeres

Verweilen der Suche nach dem verschwundenen Textstück widmen konnte.

Ich suchte also die Wandannäherung der beiden Bergsteiger, die sich eines Tages aus dieser Stadt hinaus und auf ihren Fahrrädern in Richtung der unerhörten Wand bewegt hatten. Einem Ziel entgegen, das sie so oft vor sich gesehen haben mussten. Sie kamen an einen Ort, dessen Rinnen und Vorsprünge sie auswendig kannten wie ein vertrautes Gesicht. Winkel und Züge, die sie seit Jahren auf jeder Bergfahrt, bei jedem Griff und Tritt in den warmen Kalkfelsen im Wilden Kaiser vor sich hergesagt hatten. Das stete Dasein der Wand, die sich einem Durchstieg so lange verweigert hatte, musste dazu geführt haben, so dachte ich mir, dass die jungen Bergsteiger sie nicht direkt erwähnen konnten. Weil es schon zu lange als Ziel hinter allen Vorbereitungen gestanden hatte, sie so oft in stummem Einverständnis dafür Anstrengungen auf sich genommen hatten, sodass es irgendwann unmöglich geworden war, es nur mit dem einen Wort »Eiger-Nordwand« zu benennen.

Ich denke, nebenbei gesagt, M. und mir und allen anderen glücklichen Paaren war es aus einem ähnlichen Grund unmöglich, »Liebe« zu sagen. Stattdessen erfanden wir unendliche Variationen, Umschreibungen, Annäherungen an das Große. Anderl Heckmair sprach allerhöchstens vom Eiger, viel lieber aber vom Berg, von den Westalpen oder einfach nur von der Wand. Der Wand, die, als sie sie spätnachts schließlich erreichten, in einer gewaltigen Gegenwart im Dunkeln gestanden haben musste, geronnene Dunkelheit schlechthin. An ihrem Fuß zwei Buben mit einem Zelt, winziger als alles. Zu dem Überbau aus Granit und Eis standen noch der gewaltige Überbau ihrer Sehnsucht und die Unnennbarkeit vor ihnen in der Nacht.

Bis hierher gelangte ich, mit Mühe zwar, aber noch nahezu gleichauf mit der Seilschaft, an den Berg. Doch nun verstieg ich mich. Meine Sätze, die ich an den verschiedensten Stellen ausprobierte, passten nicht mehr, verirrten sich in dem Schrofengelände um das nächtliche Zelt. Ich hatte keine Worte für diesen Punkt der Bergfahrt, der noch nicht Wand war, aber auch längst nicht mehr Tal. Je genauer ich dem Tagesanbruch und ihrem Losmarsch weit über Grindelwald nachgehen wollte, desto öfter musste ich stehen bleiben.

Ich suchte und fand schließlich, es war schon später Nachmittag im Haus, den Grund für mein Scheitern. Was mir fehlte, war der Boden, ohne den ich nun mal nicht weiter ansteigen konnte, weil sonst nichts trug. Ich hatte die Stelle verloren, wo der Berg anfing. Schlimmer noch, mir wurde bewusst, dass ich diesen Punkt noch nie gekannt hatte. Es musste ja ein topographisches Moment geben, das war schnell meine sorgenvolle Gewissheit, eine genaue Stelle, die auf der einen Seite noch Tal und Horizont war und auf der anderen schon Berg und Vertikale. Wo aber war dieses Moment des Anstiegs, der Meter, die Armlänge, die beschlossen hatte, aufzubiegen, wo begann der Schenkel des Dreiecks?

Schritt für Schritt ging ich den Weg zurück, aber wohin ich mich wandte, war schon Berg, war schon Eiger, oder Aufwürfe, die schließlich Eiger wurden. Das, was mir der Schlüssel für alles Weitere zu sein schien, musste noch weiter unten liegen. Lag es irgendwo bei Interlaken, wo die Seen flach an den Ort standen, wo die Wiese vor dem Grandhotel noch eben war wie ein Fußballplatz, wo die Touristen aus Japan und Amerika die Hauptstraße abgingen, an der ihnen Abbilder der Berge angeboten wurden? War dort der Anfang der Berge, des Bergs? Machte man da den ersten Schritt, während der letzte Schritt auf dem Gipfel gemacht wurde? Ich brauchte das Gegenstück zum Gipfel. War es dort, an einem der bebauten Hänge, wo man vom Eiger noch nichts sieht als die Wolken, die er viel weiter hinten in Unruhe gebracht hat wie ein Schwellstein das Laub im Bach?

Weil ich nicht weiterkam, das Gelände nicht ausreichend kannte, dachte ich an andere Berge. An den Schlittenberg, der als Kind mein einziger überhaupt war. Ich hatte ihn in Erinnerung, wie man nur Dinge erinnern kann, die man als Kind so oft umwandert, durchstreift und bespielt hat, dass sie zu einem Tragbalken der Zeit geworden sind, mit eigenen Ausmaßen, die nichts mit der Wirklichkeit zu tun haben. Den Schlittenberg kannte ich in allen Jahreszeiten, aber immer hieß er Schlittenberg. An den Flanken dieses kleinen Grashügels, der auf seiner Abseite einer Tiefgarage Einfahrt bot, hatten Kriege und Frieden meiner Kindheit stattgefunden. Dieser Hügel, überschaubar und unbebaut, musste doch wie ein Modell auch jene gesuchte Armlänge des Anstiegs liefern. Schritt für Schritt ging ich ihn mit Kinderfüßen ab, aber trotzdem kam ich dem gesuchten Punkt nicht näher. Es verstimmte mich sehr, dass ich trotz meiner gewissenhaften Suche nicht mal auf den Anfang meines Schlittenbergs stieß. Es ging nicht.

Die Heimkehrer stiegen über mich hinweg, die Treppenfugen knarrten ihr Abendlied. Schmuskatz' Tür war angelehnt, der kleine Spalt hatte sich den Tag über nicht verändert. Ich tastete mit der Hand die Treppe ab, befühlte die Stelle, an der sie begann. Die eine Hand konnte ich ganz klar auf die Ebene des braungefliesten Bodens legen, die andere an die Steigung der ersten Stufe, dieses erste Höhenviertel, dem in großartiger Ordnung die anderen Stufen folgten. Hierum ging es also. Wenn ich das gelbe Büchlein, meinen neuen Besitz, an die Wand lehnte und so eine ungenaue Schräge herstellte, konnte ich mit den Wimpern den Punkt berühren, der dabei den Anfang machte. Aber es war doch nicht das Richtige. Es gab bei dieser künstlichen Steigung gewissermaßen keine Steigungsmoleküle. Den gebeugten Millimeter konnte es zwischen Buch und Boden nicht geben, weil das Buch nicht gewachsen war. Bei einem Baum gab es ihn, und auch bei einem Berg musste es diesen Krümmpunkt geben. Ihn suchte ich fortan. Der Eiger-Text konnte ohne einen Fortschritt in dieser Sache nicht vollendet werden, das sah ich nun klar. Zwar konnte ich an beiden Seiten der Besteigung, nach oben und unten, so viel Text anstücken, wie ich wollte, aber ohne den gebeugten Millimeter und seine Beschreibung fehlte die Verbindung.

Ich hatte gerade beschlossen, alle Archivtexte und Quellen erneut zu sortieren, diesmal nur auf der Suche nach einem Hinweis auf den gebeugten Millimeter, den Moment des Berganfangs, als Schmuskatz erschien. Er trug, wenn ich es genau besah, die gleiche Kleidung wie am gestrigen Abend. Auch sonst schien zwischen uns kaum eine Minute vergangen zu sein. Er winkte mit einer kleinen Unterarmbewegung und setzte sich neben mich unter die Treppe.

Ein schöner Tag, eh, sind Sie vorangekommen? Sie sehen ein wenig unzufrieden aus.

Ohne Umschweife fragte ich Schmuskatz, wie gut er Berge kenne, und er meinte, er kenne sie gut. Besser jedenfalls als sein Vater, der Soldat gewesen und in den Bergen gestorben sei, bei einem Manöver. Nicht hoch vom Weg abgekommen und für immer abgerutscht. Nicht mal Gebirgsjäger! Mehr wisse er nicht, denn es sei 1925 gewesen, viel zu weit weg für genauere Erinnerungen, so etwa drückte Schmuskatz sich aus. Der Vater war jedenfalls jung und er selber, Schmuskatz, gerade erst geboren. Viel später erst lernte er die Berge richtig kennen, arbeitete schließlich sogar ein paar Jahre in ihnen, als Gletscherfotograf.

Schmuskatz winkte seine Erzählung gleich wieder ab.

Klingt besser, als es ist. Klingt hervorragend, nicht wahr? Sagen Sie mal den Satz: Gestatten, Schmuskatz, k. u. k. Gletscherfotograf! So habe ich mich vorgestellt. Hat immer alle umgehauen. Boing.

Schmuskatz kicherte. Ich sah noch das Todesjahr seines Vaters vor mir. Die Jahreszahl trug keine Farbe mehr. Ich sah Pferde und Orden an Uniformen. Der uralte Schmuskatz.

Ich habe alle großen Gletscher in Europa fotografiert, zu einer Zeit, als sich kein Mensch dafür interessierte. Eh, nicht so wie heute, wo sie stündlich vermessen werden. Am liebsten waren mir die Pasterze und der Montblanc-Gletscher. Ich bin bei Nacht hoch zu ihnen und noch darüber hinaus. Sie wissen schon, Morgenlicht, erste Sonne, das ist wichtig. Man muss aufpassen, das Eis im richtigen Verhältnis zum Berg zu fotografieren. Ein Gletscher wird ja erst durch seinen Berg zum Gletscher, nicht wahr? Auf einem schlechten Gletscherfoto sieht es einfach nur nach verschneitem Hang aus, dabei liegt der Gletscher ja eben nicht auf dem Fels, sondern in ihm.

Schmuskatz machte mit der flachen Hand Schubbewegungen, die mir die Gletscherströme verdeutlichen sollten. Ich war benommen von der Einsicht, dass neben mir nicht nur ein Bergsteiger saß, sondern auch ein Zeitzeuge der Eiger-Besteigung. Und wir biwakierten hier gemeinsam im Gletscherstrom, als wäre es nichts. Beinahe eilig erzählte ich ihm, während seine Hand weiter das Eis schob, von der Eiger-Besteigung in meinem Kopf, von der Stelle, wo der Text erscheinen sollte, und meinem Problem mit dem verlorenen Krümmpunkt. Er hörte zu, ohne dass ich dabei eine Form von wohlwollendem Interesse oder gesteigerter Aufmerksamkeit entdecken konnte, jenes Publikumsverhalten, an das ich mich wie alle Menschen gewöhnt hatte, sobald ich etwas erzählte. Schmuskatz hörte nur zu, sonst nichts. Seine Hand schob das Eis.

Eh, ich glaube, ich kann Ihnen nicht helfen, mein Lieber. An die Nachricht von der Eiger-Besteigung kann ich mich noch erinnern, aber schon den Namen Heckmair hatte ich vergessen, ich wusste auch nicht mehr, dass er aus dieser Stadt kam. Ich vergesse die Dinge, wissen Sie.

Er sah mich so beifallheischend an, als hätte er diesen Satz zum ersten Mal gesagt.

Es gab Titelblätter damals mit dem Eiger, das weiß ich noch, auf den Heftchen. Und ich habe auch einmal den Jungfrau-Gletscher daneben fotografiert. Man konnte ja schon sehr früh mit der Zahnradbahn durch den Eiger fahren, das wissen Sie natürlich, jaja, aber was den Punkt angeht, wie nennen Sie ihn?

Eine Wunderkerze in der Mitte meines Magens, die Sterne in alle Richtungen warf.

Krümmpunkt.

Richtig, Krümmpunkt. Ich ahne, warum Sie ihn suchen, aber ich kenne ihn nicht, ich weiß auch nicht, ob er wirklich so wichtig für Ihren Text ist. Ich, eh, bin kein Schreiber.

Schmuskatz ließ die Beine lustig ragen. Eine scharfe Windböe drückte uns an die Wand. Es war aber nur die Eingangstür, die sich geöffnet und ein wenig Luft ins Haus gelassen hatte. Herein kam die Trampelfrau, die zu ihrem Briefkasten ging. In ihren Haaren steckte eine Sonnenbrille.

Ich wollte Schmuskatz auf eine Kleinigkeit aufmerksam machen, die mir unter der Treppe nebenbei aufgefallen war. Die Menschen benutzten gern ihre Briefkästen. Es war ein bisschen wie ein Spiel: der kleine Schlüssel, die kleine Tür, hinter die jemand heimlich etwas gelegt hatte. Viele konnten es gar nicht erwarten und sperrten auch morgens schon den Briefkasten auf, obwohl der Briefträger immer erst mittags kam. Ein leerer Briefkasten bescherte seinen Entdeckern eine nur sekündliche, aber durchdringende Enttäuschung.

Gerade als ich das darlegen wollte, drehte sich die Frau ganz unnatürlich in ihrer Bewegung um und ließ den Briefkastenschlüssel stramm in unsere Richtung zeigen. Ich ging mit einer weichen Drehung hinter dem Papierkorb in Deckung und sah, was sie sah. Einen sehr alten Mann mit Haaren, die an beiden Seiten fast bis an die Schultern reichten, die Augen beweglich und neugierig auf den Briefkastenschlüssel gerichtet, die Beine in schwarzen Hosen ausgestreckt und begrenzt von jeweils einem Filzlatschen.

Sind Sie gesund?

Ohne Ansatz und ohne seine Lage zu verändern, sagte Schmuskatz:

Danke, ich fühle mich ganz ordentlich. Darf ich die Frage retournieren, Gnädigste?

Die Sonnenbrille bewegte sich nicht.

Wohnen Sie hier?

Der Alte zeigte auf die angelehnte Tür in ihrem Rücken.

Sehr wohl, und zwar schon unendlich lange.

Das schien sie zu beruhigen, der Briefkastenschlüssel gab seine Drohgebärde auf. Schmuskatz' Filzlatschen wedelten vergnügt. Die Frau öffnete ihren Briefkasten. Ihren Hinterkopf wünschte ich mir gläsern, so sehr werkte es darin. Sie hatte keine Post. Niedergeschlagen und schon im Gehen, streifte ihr Blick Schmuskatz noch einmal.

Ich bin nur erschrocken.

Das bedaure ich zutiefst, Madame. Eh, kommt nicht mehr vor.

Seine letzten Worte gingen in den ersten Knack-tönen der Treppenstufen unter. Sie trampelte über uns hinweg, ließ das Holz mehr krachen als sonst bei ihrer Rückkehr. Schmuskatz und ich zogen die Köpfe ein.

Er lächelte.

Sie hat nur mich geschimpft.

Ja, ich bin auf eine Art unsichtbar unter dieser Treppe, sagte ich stolzer, als nötig gewesen wäre.

Er wartete einen Moment.

I wo, Sie haben sich nur schnell genug versteckt. Gehn wir rein?

Wir gingen.

ACHT

Es war Abend. Die Widmungsbibliothek lag schon sehr dunkel, und Schmuskatz drehte den Bakelitschalter der kleinen Tischlampe. Am Rand des Lichtkreises wandernd, erzählte er manches über Widmungen und deren Qualitäten.

Die Anfänge seiner Sammlung lagen vor über zwanzig Jahren auf dem Geburtstagsfest einer Bekannten, Schmuskatz sagte, einer besten Bekannten namens Lisa Waldschmidt, der er *Rückfall* von Leo Slezak geschenkt hatte. Frau Waldschmidt wollte die dazugehörige Glückwunschkarte in die erste Seite einlegen und sah dabei die Widmung, die der Autor Slezak »meiner geliebten Liserl« geschrieben hatte. Schmuskatz' Bekannte fiel daraufhin fast hintenüber. Sie war damals nicht abgeneigt, den Umstand zu übersehen, dass die Liebeserklärung gedruckt war und zum Buch gehörte, nicht zu ihr, was umso erstaunlicher war, als auch noch »in Dankbarkeit für vierzig Jahre ungetrübten Glücks« dahinterstand. Den ganzen Abend hatte die Geburtstagsrunde kein anderes Thema gehabt als das großartige zufällige Widmungsgeschenk.

Seitdem achtete Schmuskatz auf die Widmungen,

sortierte seine Bücher zunächst nach solchen mit Widmungen und solchen ohne, kaufte schließlich nur noch Bücher mit Widmungen und steigerte sein Interesse wie jeder Sammler bald in die Unregelmäßigkeiten und Besonderheiten des Gebiets hinein. Interessant seien Widmungen, die sich mit der Auflage änderten, Personen, die in der zweiten oder dritten Auflage die Gunst des Autors offenbar verwirkt hätten. Besondere Raritäten seien Widmungsketten, in denen die unterschiedlichen Auflagen unterschiedlichen Menschen zugeordnet würden. Die modernen Bücher, sagte Schmuskatz, trügen fast alle eine Widmung, manche auch mehrere. Je länger das Erscheinen zurückliege, desto seltener würden sie.

Heute sind sie nicht nur mehreren Personen gewidmet, es gibt am Ende auch noch ganze Dankesregister, wissen Sie, auch bei Romanen. Und in Amerika lassen die Autoren ganze Fotoalben auf die erste Seite ihres Buches drucken, mit den passenden Köpfen zu ihren Widmungen. Das macht es nicht so einfach, sie zu sortieren. Und dann wird heute ständig den Eltern gewidmet, langweilig, was sind das für Schriftsteller, die Bücher für ihre Eltern schreiben?

Ich besah mir den Alten in diesem wenigen Licht, während er in Wort und Tat durch seine Sammlung schritt. Er war immer anders, das war mir schon gestern aufgefallen. Als er über die jungen Autoren und ihre Eltern ausholte, glaubte ich darin den Alten zu erkennen, der wie andere Alte war. Aber das passte nicht. Nicht nur, dass er mehr junge Autoren kannte als ich, er sprach von ihnen, wie ich es nur in der Redaktion von den Kollegen kannte, in einer Art, die ständige Augenhöhe mit den diskutierten Menschen mitklingen ließ und sich so gleichzeitig als Respekt und Geringschätzung ausgab. Ich habe dieses Gerede immer als Methode von Gleichaltrigen verstanden, die Arbeit der anderen zu markieren und sich selber dazu zu positionieren. Mit der billigen Genugtuung, die ein Fischerboot empfinden mag, wenn es die Frachtschiffe in der Ferne zufrieden als etwa gleich groß einstuft. Aber Schmuskatz war nicht jung, sondern Mitte achtzig, und er sprach, als würde er antreten und die jungen Autoren demnächst mit seinem Werk revidieren. Manche nannte er sogar nur beim Vornamen, als wären sie Mitschüler. Die Alten mochte er aber auch nicht.

Eh, Sie sehen so aus, als würden Sie gleich Gruppe 47 sagen, unterstehen Sie sich! Unmögliche Menschen, kindisch und unterentwickelt, die die Lehrpläne der letzten vierzig Jahre auf dem Gewissen haben. Die sind schuld, dass hier nahezu keiner mehr ein Buch lesen kann und dabei vor Genuss schmatzen, so wie man das früher gemacht hat.

Schmuskatz schmatzte laut. Er war überhaupt laut an diesem Abend. Ich gab ihm recht oder schwieg, denn die meisten seiner Geschichten bedurften keiner Zustimmung. Mitten im nächsten Aufwurf mit etwa dem Inhalt, dass er die meisten Autoren, die jungen wie die alten, die deutschen wie die anderen, zwar geringschätze, aber ohne ihre Bücher ganz generell nicht leben könne und sich deshalb in einem Zwiespalt befinde, drehte er den Lampenschirm in meine Richtung.

Sie haben Hunger.

Das stimmte. Das Huhn von gestern und das viele Hin- und Herwandern auf der Suche nach dem Krümmpunkt hatten mich wieder hungrig gemacht.

Leider. Ich esse heute nichts, sagte Schmuskatz betroffen. Der Metzger hängt mir nur alle drei Tage ein Huhn an die Tür. Am ersten Tag mache ich dann Paprikahendl, das haben Sie ja mitbekommen. Am zweiten Tag esse ich für gewöhnlich die Reste und am dritten Tag nichts.

Er klopfte sich auf den Bauch.

Wer weiß, wie groß der wäre, wenn ich meine Hendlfrequenz auf alle zwei Tage steigern würde. Heute wäre also ein Restetag, aber es ist nichts mehr übrig, weil ich gestern einen Gast hatte.

Er kicherte bei der Vorstellung, und darüber musste auch ich lächeln. Wir gingen in die Küche, Schmuskatz machte Licht. Ich setzte mich auf denselben Stuhl wie gestern, in der Wachstischdecke sah ich den Abdruck, den mein Teller hinterlassen hatte. Die Küche war nicht besonders aufgeräumt, was aber nicht weiter auffiel, da es wenig Inventar gab. Alles war auf die Zubereitung eines einzigen Gerichts ausgelegt. Drei Bratformen standen in einem kleinen offenen Regal, dazu zwei Schüsseln und ein paar Teller, die alle von der Paprika tieforange eingefärbt waren. Auch Schmuskatz'

Hände hatten einen Paprikaton, der sich zu den Fingern hin verstärkte, was mir vor der hellen Tischdecke auffiel.

Überhaupt kam mir die kleine Küche diesmal besonders karmesin vor. Als ich genauer hinsah, bemerkte ich, dass dieser Eindruck von kristallinen Überzügen an den Wänden herrührte. An den Rändern und Borten, am Türrahmen und am Fensterbrett hatten sich paprikarote Krusten abgelagert. In einer Ecke, in der ein Sessel stand, aufgefüllt mit Büchern, Mappen und einem zusammengefalteten Schlauchboot, schienen von der Decke sogar rundliche Kristallwülste, kleine Paprikatropfsteine, zu hängen.

Schmuskatz wusste schon wieder, wo ich war.

Paprikahöhle, sagen Sie es ruhig. Ich sollte, eh, das wohl mal putzen.

Er machte eine Handbewegung in Richtung der Tropfsteinecke.

Aber ich finde es auch ganz gemütlich, nicht wahr? Vielleicht, hören Sie zu, jetzt benutze ich einen prächtigen Satz für Alte: Vielleicht lohnt sich das ja gar nicht mehr. Na, was sagen Sie jetzt?

Ich sagte, dass es sich bei seiner Paprikahöhle vermutlich um ein schützenswertes Phänomen handelte, dem darüber hinaus eine beruhigende Gemütlichkeit innewohnte.

Schmuskatz lehnte sich zufrieden zurück, was keine seiner besten Posen war. Deswegen stand er auch gleich wieder auf und öffnete eine Kiste, die neben dem Majoranschrank stand. Er schwenkte zwei Flaschen, deren Inhalt im streuenden Flurlicht golden blinkte, und summte leise: Goldwasser, Goldwasser.

Ich konnte nicht anders, als ihn erwartungsvoll anzusehen, während er, weiterhin summend, nach Gläsern suchte. Zum Paprikahendl hatten wir Leitungswasser getrunken, und es gab keine Anzeichen, dass er je etwas anderes trank, keine Flaschen, keinen Bierkasten. Aber jetzt: Goldwasser.

Mit zwei Gläsern in der Hand war er inzwischen bei einem Marschrhythmus angekommen: Gold-was-ser, Gold-was-ser, eins-zwei-drei. Ich lachte, weil mir das Ganze auch ein wenig unangenehm war, und merkte an einem kleinen Seitenblick von ihm, dass gerade das ihm gefiel. Angespornt tänzelte er noch zwei Runden um den Tisch, dann setzte er die Gläser in die Mitte und schraubte am Verschluss der ersten Flasche.

Danziger Goldwasser. Die Etiketten waren vergilbt, und an einer Flasche klebte ein Preisschildchen, wie man es heute nicht mehr hat, in der Farbe von Wundpflastern. Der Preis war durchgestrichen.

Die Kiste ist voll damit, fragen Sie lieber nicht, warum.

Er goss die durchsichtige Flüssigkeit in die Gläser. Kleine Goldflocken wirbelten hoch und sanken dann wieder dem Flaschenboden zu, nicht ohne den Unvorsichtigen, die in unsere Gläser gewirbelt waren, sehnsüchtig beim Absinken zuzusehen. Das Wasser roch süß und künstlich, aber auch heilsam. Wir tranken beide ohne weiteres Zeremoniell, was mir recht war, da ich Zuprosten nicht leiden kann. Auch Likör mochte ich nicht, aber dieser hier, in dem das Gold schwamm, schmeckte erträglich und wie kein anderer zuvor. Er hatte eine irisierende Aura, als wäre er aus Weihwasser destilliert. Die Goldflitter hatten auf der Zunge kein Gewicht.

Warum haben Sie mit den Gletschern aufgehört?

Schmuskatz war einen Moment lang wie angeschossen. Dann goss er die Gläser wieder voll, das Gold tanzte in seiner Hand.

Sie taten mir leid.

Es machte ihn verlegen.

Eh, ich habe ja auf meinen Bildern gesehen, wie sie schrumpften und versickerten, das ging damals schon los. Jedes Jahr, wenn ich zu ihnen aufstieg, waren neue Felsen aus ihren Rändern gewachsen. Ich wollte das nicht bis ans Ende dokumentieren, eh, bin ja kein Sterbebegleiter. Sentimental, nicht wahr?

Und dann?

Ich wollte ihn nicht ausfragen, aber ich wusste so wenig, und es reimte sich alles so schlecht. Der alte Schmuskatz mit der weichen Alpensprache in der Paprikahöhle. Wie war es dazu gekommen?

Steine verkauft, ein paar Jahre. Das mit dem Kirchentrilobiten hatte ich ja schon erzählt. Das war immer noch drin.

Er schwang einen unsichtbaren Hammer.

Beim Fotografieren habe ich immer nebenbei Steine

mitgenommen. Bergkristalle, Sie wissen schon, und andere, Apatite und Epidote, dunkelgrüne Epidote!

Ich hörte und sah die eleganten Namen, die klangen wie die Namen von großen Familien. Aber mir fiel dazu nichts ein.

Das glauben Sie nicht, aber die Menschen kaufen diese Steine und stellen sie bei sich auf. Die Leute werden angezogen von der Klarheit eines Bergkristalls, möchten ihn anfassen, die Kristallkanten mit den Fingern nachfahren und …

Schmuskatz kicherte.

Und sie möchten die Steine in ihr Trinkwasser geben und fühlen sich schon nach einem Schluck besser. Ist das nicht interessant? Obwohl wir hier …

Wir hier waren schon beim vierten Glas. Bis an seinen Grund erzählte der Alte von den Mineralien, von einem kleinen Geschäft hier in der Innenstadt in einer Seitenstraße des Doms, nicht größer als eine Besenkammer, voll mit glänzenden Steinen. Von zwei Bündnern aus Chur, die ihn zweimal im Jahr mit ihren Funden aus den Bergen belieferten und die ihren Berufsstand das Strahlen nannten und ihn seit Generationen ausübten. Ich hörte die Sprengungen, mit denen sie meterdicken, derben Quarz aus den Wänden brachen, um schließlich an Klüfte voller Mineralien zu kommen, die sie behutsam ins Tal trugen, und ich sah Schmuskatz, der sie verkaufte, in einem kleinen Steinladen am Dom.

Ich wusste nicht genau, wann das alles war. Er schien sein Leben nicht chronologisch zu ordnen, sondern die

Anekdoten an den günstigsten Punkten miteinander zu verknüpfen und abfolgen zu lassen, sodass es manchmal wirkte, als hätte er alles an einem Tag erlebt, und dann wieder, als hätte er bereits mehrere Leben gehabt.

Jetzt schwieg er. Er schien kein geübter Trinker zu sein, wir beide nicht. Wir tranken viel zu hastig das klare Goldwasser aus großen Trinkgläsern, in deren Boden das Wort »Duralex« eingeprägt stand, das wir beide nach jedem Schluck und in immer andächtigeren Pausen lasen, so oft. Manchmal lag ein Goldflitter darüber, aber nach dem nächsten Schluck war es wieder zu lesen. Duralex. Und jedes Mal, wenn ich dieses scharfe Wort umnebelt und stumm formte, musste ich an M. denken.

NEUN

M. und die Vorfälle waren wie hinter einem lichten Wandschirm verborgen. Unter der Treppe fiel es mir leicht, sie nicht zu sehen und völlig ungestört zu arbeiten. Schließlich war ich in ihrer Nähe, und es war eigentlich eher so, als hätte ich mich nur in einem Zimmer eingeschlossen, an dem sie vorbeigehen konnte. Natürlich hätte ich mich nie vor M. in einem Zimmer eingeschlossen. Wir konnten nicht mal streiten und darauf die üblichen Abstände folgen lassen, weil ich umgehend zu ihr zurückkehren musste, ausgestattet mit allen Friedensangeboten, die sie forderte.

Es waren nie viele. M. bestand auf nichts und war in allen Belangen so leicht und luftig wie ihr Schritt auf der Treppe. Zwei vor, eins zurück, dazwischen schweben. In der Zeit, als sie noch unter Menschen ging, hatte sie überall in der Mitte gestanden, ohne das je zu bemerken oder zu erkennen, dass die Menschen ihr anders begegneten als mir. Sie ging einfach, und ihre Umgebung umfloss sie wie Seide. Allen war sie mit der gleichen Freundlichkeit zugetan, die sie so sorglos und üppig verteilte, dass die meisten Menschen davon regelrecht berauscht wurden. Sie begannen in M.s Gegenwart Kapriolen zu schlagen und gerieten neben ihr in einen Zustand glücklicher Verwirrung. Es war, als würde sie jeden so sehen, wie er es sich immer schon gewünscht hatte.

Niemals leitete M. daraus ein besonderes Talent für sich ab, nie linderte diese Verbeugung der restlichen Menschheit ihre eigene Schüchternheit. Sie dachte vielmehr, die Welt um sie herum behandelte sie mit so großer Nachsicht, weil die anderen es ihr leichtmachen wollten, wie man es einem verletzten Kind leichtmachen möchte. Das brandende Entzücken nahm sie als Vorzug der anderen, dabei war es nur der matte Spiegel. Es gehörte von Anfang an zu meinem steten Bemühen, ihr glaubhaft zu machen, dass alles, was in der Welt ohne sie war, weniger Glanz hatte.

Ich hatte schon nach einigen Tagen im Hofgarten zu viel von ihrem herrlichen Überfluss gehabt, als dass ich die Lücke ihrer Abwesenheit noch selber hätte füllen können. Wenn sie nicht neben mir war, wie in der Redaktion, hatte ich sorgsam verpackte Erinnerungspakete dabei, die ich nach und nach verbrauchte wie ein Schüler das Pausenbrot. Und wie ein solcher verbrauchte ich an manchen Tagen alles auf einmal, in einem Anfall der Unersättlichkeit, den ich später büßte, wenn sich der restliche Tag unerträglich ausdehnte. Immer jedenfalls war der kleine Vorrat leer, wenn ich abends zu ihr zurückkehrte. Ich hatte nie genug.

Möglicherweise hatte ich die letzten Sätze dieser kurzen Betrachtung über M. vor mich hin gesprochen, denn Schmuskatz sah mich an, wie er es bis dahin noch nie getan hatte, mit einer anhaltenden Aufmerksamkeit, wobei er sein linkes Ohr mit der Hand in meine Richtung bog, um besser zu hören. In seinen Augen war etwas Kleines, das ich kannte: M.

Schmuskatz hatte sie schon einmal gesehen.

Falsch, ich habe sie schon oft gesehen.

Wo?

Hm … törichte Frage, hier, auf dem Gehweg hinter meinem Fenster. Aber es ist lange her, nicht wahr, dass sie dort gegangen ist.

Es war keine Frage.

Ich nickte, und weil er mich weiter mit seinem vorgewölbten Ohr ansah, während die Erinnerung an M. ein gütiges Grübchen in seine Wange dellte, fuhr ich in meiner Erzählung fort.

Bald nach unserem Sommer im Hofgarten zogen wir in eine gemeinsame Wohnung. Es schien uns eine gewöhnliche Entwicklung der Dinge zu sein. M. hatte bis dahin in einem Studentenwohnheim im Norden der Stadt gewohnt. Ihr Zimmer dort war ebenerdig mit Sicht auf eine kleine Rasenfläche gelegen, die von dem Gebäude an drei Seiten umschlossen wurde und die nie jemand betrat. Über ihrem Bett hatte sie ein Plakat aus Finnland aufgehängt, auf dem ein Foto zu sehen war. Ein Zaun aus weißlackierten Holzlatten, der zwischen einem penibel gemähten Rasen und einem dichten Birkenwald stand. M. war schon viel im Norden gewesen, wo die Menschen aus anderen Gründen Zäune bauen als hier. Sie grenzen sich damit nicht gegen Menschen ab, sondern gegen die drückende Übermacht der Natur, die rings um sie wuchert.

Das erzählte sie mir in der ersten Nacht, die wir in dem kleinen Studentenzimmer verbrachten. Schüchtern lagen wir nebeneinander, weil das Zimmer außer dem Bett keine Sitzmöglichkeit bot. Wir hatten keine Eile, warteten, bis es ganz dunkel geworden war und ein leichter Regen kam, warteten, bis sich unser Atem im Gleichschritt durch das dunkle Zimmer bewegte und bis auch alles andere, Hände, Ellenbogen und Wangen, miteinander vertraut waren. Es gab viel zu erzählen, und wir machten uns schweigend und mit großer Genauigkeit daran. Nichts durfte vergessen werden, alles sollte gekostet, gefühlt und für immer erinnert sein.

Die ersten Veränderungen traten etwa ein Jahr nach unserem gemeinsamen Umzug ein. M. hatte sich damals ein Freisemester genommen, um zu fotografieren. Morgens blieb sie im Bett, bis ich die Wohnung verlassen hatte. Wir schliefen in unterschiedlichen Zimmern, da wir beide das Nebeneinanderschlafen von Menschen als seltsam rückständig erachteten und uns daran störten. Kitzelschnauf, sagte M., wenn ihr mein Atem in den Nacken kam.

Sie winkte mir zum Abschied matt lächelnd aus ihrem Bett zu. Wenn ich abends zurückkam, lag sie schon wieder und las, um sie herum eine bunte Landschaft aus Büchern, Heften, Kissen und Fotos. Sie hat, das weiß ich heute, in dieser Zeit nicht fotografiert. Ich vermute, dass sie überhaupt wenig Zeit außerhalb des Betts verbrachte. Die Wohnung war bei meiner Rückkehr weitgehend unverändert, ein neues Handtuch im Bad, die Fenster gekippt, der Rest lag unberührt. Zunächst schrieb ich das M.s großer Bedürfnislosigkeit zu. Sie brauchte fast nichts. Wenn ich gekocht hatte, aß sie freundlich, aber nur nebenbei. Sobald sie allein war, vergaß sie zu essen. Sie kleidete sich hübsch und schlicht, aber sie blickte nie in die Schaufenster. Ihre Kleidung trug sie unabhängig vom Anlass, legte sich mit Rock und Bluse mittags ins Bett und hatte sie spätabends immer noch an, wenn ich längst in Schlafkleidung war.

Ich hatte mir bald angewöhnt, ihr das wenige mitzubringen, was sie benötigte. Wenn ich von der Arbeit kam, hatte ich nicht nur eine Tüte mit Lebensmitteln dabei, sondern oft auch eine mit einem neuen Pullover für M. Gerade weil es ihr keinen Eindruck machte, kaufte ich ihr immer teurere und ausgefallenere Stücke. Ich begann, mich für Damenmode zu interessieren, beobachtete Kollektionswechsel und Farben der Saison. Das ging so weit, dass ich abends neben ihr manchmal gewissenhaft Modekataloge studierte, mir Notizen machte und M. gelegentlich auch um ihren Rat fragte, während sie konzentriert fernsah.

M. freute sich über Geschenke, sie mochte das Auspacken, aber es spielte keine Rolle, was es war. Sie lobte dafür noch tagelang das Seidenpapier, in dem die Sachen eingeschlagen gewesen waren, glättete es immer wieder mit weichen Strichen ihrer Handkante und bewahrte es auf, zusammen mit Schleifen und Bändern der Verpackung. Die Ersatzknöpfe, die den Kleidungsstücken manchmal beilagen, barg sie in einer Holzkiste.

Sie hatte, wenn überhaupt, eine Leidenschaft für nebensächliche Materialien und sammelte sie in einem alten Sortierschrank der Post, der eines der wenigen Sachstücke war, das sie mit Zuneigung versah. Seine vielen Fächer waren gefüllt mit Linoleumabschnitten, Hölzern, kleinen Spiegeln, Kreiden, Pappen und verschiedenen Papieren, aber auch mit unscheinbaren Gerätschaften wie Spitzern, Tragegriffen, Nadeln, Polsternägeln und exotischen Schrauben. Besonders beliebt waren auch Lampions. Sie besaß Dutzende in allen Größen und Farben, manche bunt bedruckt, die meisten aber einfarbig. Die Lampions sammelten sich im Postschrank und seinen Dependancen, und keinen einzigen zündete M. je an. Alle lagen gänzlich unversehrt in ihren Verpackungen.

Wenn ich sie damit aufzog, nickte sie geduldig und legte meine Hand auf ihre Schulter, nah am Hals. Eines Tages, sagte sie dann, eines Tages gibt es ein Fest in einem Garten.

Der Alte hatte die letzten Sätze in gekrümmter Haltung verfolgt. Schließlich, als ich schwieg, befreite er sich mit einem Ruck aus der Krümmung und öffnete die zweite Flasche Goldwasser. Er goss die Gläser bis zur Kante voll, stand auf und schwang sein Glas prophetisch in meine Richtung.

Our ships at sea!

Er sprach ein donnerndes Englisch und sah wüst dabei aus. Sein Haar hatte die Farbe von Kieselsteinen in der Sonne. Versöhnlich setzte er nach:

Ist doch Montag, oder?

Ich wusste es nicht. Auf den Werbeprospekten, die ich las, stand kein Tagesdatum.

Was auch immer. Das ist jedenfalls der Toast der Royal Navy für Montag. Our ships at sea. Hübsch, nicht wahr? Es gibt für jeden Tag einen anderen, warten Sie, ich kriege sie später alle zusammen.

Kein Angehöriger der britischen Marine, eher ein Freibeuter, der da schwankend vor dem Paprikahintergrund seiner Kombüse stand. Er setzte sich. Wir tranken. Ich hatte noch nicht zu Ende erzählt, und Schmuskatz wusste es.

ZEHN

Es war, als ihr Freisemester zu Ende ging und die Buchen vor unserem Küchenfenster wieder mehr Licht durchließen, dass M. krank wurde. Ich saß an ihrer Bettkante, besah mir Hals und Kopf und schüttelte ihr Kissen auf. Ihre Symptome waren nicht eindeutig. Die ersten Tage hatte sie Augenbrennen und Kopfschmerzen. Das Brennen verging, aber dann kam ein geschwollener Hals, dazu wurde ihr schwindlig, dass sie kaum aufstehen konnte. Sie versprach, zum Arzt zu gehen, aber nach zwei Wochen hatte sie die Wohnung noch keinen Meter verlassen.

An einem Dienstagmorgen fuhr ich sie mit dem Auto zu einer Allgemeinärztin zwei Straßen weiter. M. lächelte die Ärztin in ihrer vorzüglichsten Art an, und diese vergaß daraufhin die vorbereiteten Allergietests und beließ es dabei, zärtlich M.s Rücken abzuklopfen und mit ihr in einer Sitzecke zu plaudern. Als ich im Wartezimmer M.s Lachen hörte, wusste ich, dass ich sie betäuben müsste, damit sie eine glaubwürdige Kranke abgab. Beschwingt traten beide Frauen vor die Praxistür, M. nickte mir aufmunternd zu.

Ist gar nix.

Sie hielt das Strahlen bis zu unserer Fußmatte, dann wurde ihr schwarz vor Augen. Am nächsten Tag fröstelte sie stark und war so erschöpft, dass sie kaum wach wurde. Ich hatte zwei Wochen Urlaub genommen und begann, den Ablauf in unserer kleinen Wohnung ganz auf M. auszurichten. Das Kranksein bereitete ihr wenig Probleme, sie schien sich schon nach wenigen Tagen darin eingerichtet zu haben, sodass ich nach Ende der zwei Wochen einigermaßen beruhigt wieder zur Arbeit ging. Sie klagte nicht und verlangte wenig. Ich kochte Suppen, die auf ihrem Nachttisch kalt wurden, räumte abends, wenn ich aus der Redaktion kam, die Wohnung auf, wusch ihre Wäsche, und nebenbei erzählte sie mir, was sie erlebt hatte, was freilich nichts anderes war als das, was sie im Fernsehen oder in ihren Büchern gefunden hatte. Das allerdings brachte sie in unterhaltsame Formen, verknüpfte die Geschichten an den seltsamsten Stellen, sodass sie bald wie ihre eigenen Erlebnisse klangen. Ihr Zettelblock ging über vor Notizen.

Über allem lag ihre Schwäche, sie schlief zwölf Stunden und sprach danach von Erschöpfung. Eine Mattheit hatte sie ergriffen, von der sie jeden Tag aufs Neue erdrückt wurde. Die Diagnose blieb aber unklar. Je länger M.s Zustand andauerte, desto schwieriger wurde es, zu den Wurzeln ihres Unwohlseins zu gelangen. Ein paarmal kamen Ärzte in unsere Wohnung, denen M. sich im Bett präsentierte. Der erste vermutete Pfeiffersches Drüsenfieber, eine Krankheit, die seinen Ausführungen nach einen Menschen jahrelang schwächen konnte. Der zweite glaubte an die Auswirkungen eines Zeckenbisses, den M. vor einigen Jahren in Finnland erlitten hatte und von dem sie seither eine rote Stelle, groß wie eine Münze, an der rechten Wade trug. Er verschrieb ihr etwas, M. las die Nebenwirkungen und verzichtete auf die Einnahme. Sie interessierte sich nicht sehr für die endgültige Diagnose. Vor ihrem Fenster war Winter geworden.

Es ist mir ein wenig unangenehm, das zu sagen, aber ich gewöhnte mich recht gern an M.s Zustand. Seit sie schwach geworden war, hatte ich das Gefühl, jenen Platz füllen zu können, der sich zuvor stets zwischen ihrem und meinem Wesen erstreckt hatte. Erst jetzt, als sie Abend für Abend vor mir lag und mich matt liebend nach dem Draußen fragte, ergab meine Rolle an ihrer Seite einen Sinn.

Es war nicht so, dass M. die Auswirkungen ihrer langen Krankheit keinen Kummer bereiteten. Ich großer Unnutz, pflegte sie zu sagen, wenn sie mich in der Küche mit den Tellern klappern hörte oder wenn ich gelegentlich bei ihr im Zimmer die Ablage für das Finanzamt erledigte und ihr dabei laut die Summen unseres Verbrauchs, die Rechnungen und monatlichen Kosten vorlas. Dabei machte mir das Geld keine Sorgen. Wir gingen nie aus, hatten keinen Bedarf für Freizeitunterhaltung, und M. benötigte nur gelegentlich ein französisches Nachthemd, deshalb war immer genug von meinem Geld da. Davon abgesehen hätte ich ohne Zögern den unsinnigsten Kredit aufgenommen, um dieses Leben mit M. auszudehnen.

Nach außen hin unterschied sich unser Leben nicht von dem der anderen Paare, wir verbrachten die Abende zusammen und mit liebevollem Werfen und Fangen, nur dass ich dabei an M.s Bettkante saß. So verging problemlos ein halbes Jahr, nach dessen Ablauf M. ihrer Bettlaken und Nachthemden so überdrüssig geworden war, dass sie sich zum Aufstehen zwang. Das waren Tage der Zuversicht. Ihre Symptome waren schwach wie lange nicht mehr, das Kopfweh, der schwere Magen, der Schwindel hinter den Augen, über den sie so oft geklagt hatte, waren leichter geworden, jeden Abend fand ich sie ein wenig gelöster.

Nachdem sich die Dinge in M. so weit aufgeheitert hatten, dass wir für den Sommer eine Reise nach Italien planten und sie für die nächste Woche einen ersten Termin mit ihrem Professor vereinbart hatte, geschah etwas Neues. Als ich an diesem Abend, es war Anfang Juni, die Tür öffnete, saß M. im Flur auf dem Boden und sah zur Wand. Über ihren ausgestreckten Beinen stand ein Küchenstuhl mit einem Stapel dicker Bücher auf der Sitzfläche. An dieses Bollwerk klammerte sich M., den Rücken zu mir, Hals und Kopf auf die Sitzfläche des Stuhls gesenkt. Es war das erste Mal, dass sich ihre Mundwinkel, ihr wundersam freundlicher Horizont, nicht hoben, als ich in ihre Nähe kam.

Ich war so hin von diesem kläglichen Bild in unserem kläglichen kleinen Flur, dass ich bis auf ein paar Laute nichts sprechen konnte, sondern mich auf Knien an sie heranschob und sie umarmte, was sie ohne Regung geschehen ließ. Kaltes Ungeheuer zerrte an unseren Körpern. Dann begann sie zu weinen, es waren schmutzige, fürchterliche Tränen. Alles Tapfere war da an seinem Ende.

Die letzten Worte standen in Schmuskatz' Küche, und zum ersten Mal seit langem hob ich den Blick vom Tischdeckenmuster und sah wieder. Der Alte war versunken, aber eine Hand lag in sanfter Spannung ausgestreckt auf dem Tisch und zeigte in meine Richtung, als hielte sie ein Seil, an dem ich hing. Die zweite Flasche Goldwasser war leer und stand an der Seite, zur Abholung bereit. Wie spät mochte es sein? Wie lange hatte ich das alles erzählt? Es konnten Minuten sein, denn einerseits war es nur eine schnelle Zusammenfassung gewesen, andererseits hatte ich es noch nie in diese Gründlichkeit gebracht.

Schmuskatz regte sich. Seine Stimme ging quer, und er musste sich räuspern, ehe ich ein Wort verstand.

Keine Sorge, Sie haben nicht zu lange erzählt. Wir haben alle Zeit, heute. Ich habe so lange kein anderes Leben gehört, immer nur gelesen. Ich, eh, wissen Sie, wie Flöhe dressiert werden?

Flöhe? Für den Flohzirkus?

Jaja, Flohzirkus. Man gewöhnt ihnen das Springen ab, indem man sie zwischen zwei Glasplatten setzt. Verstehen Sie, die Flöhe können nach unten und oben sehen, alles erscheint ihnen erreichbar, und dann springen sie gegen Glas. Ha! Der Floh versteht's nicht, er sieht die Welt, kann aber nicht hin.

Und dann?

Dann werden die Sprünge kleiner. Irgendwann hört ein Floh ganz auf und bleibt einfach zwischen den Glasplatten sitzen, und die anderen machen es ihm nach. Dann springen sie nie mehr, haben es verlernt, für immer. Jetzt kann man ihnen beibringen, kleine Kutschen zu ziehen, und, eh, was weiß ich noch.

Warum erzählen Sie mir das?

Er lächelte betrunken.

Ist mir vorhin eingefallen.

Kleine Goldflitter glänzten auf seiner Lippe. Es blieb nun längere Zeit ruhig. Ich hing meiner Erzählung nach, klopfte sie gewissermaßen ab, ob es sich wirklich so verhalten oder der Rausch die Dinge verzerrt hatte. Und tatsächlich schien es mir nun, als wäre unsere Geschichte gar nicht dieses rote Goldlicht wert, unter dem ich sie hier ausbreitete. Stattdessen hätte doch Schmuskatz, vermutete ich, die besseren Wendungen in seinem Leben, und unsere Geschichte war doch vielleicht nur ein schlichtes Ineinander von Krankheit und Liebe und Zeit. So wollte ich sie rasch zu Ende bringen.

Der Abend im Flur war ein Rückfall in mancherlei Hinsicht. M. war danach wieder krank, wenn auch auf eine andere Art als zuvor. Nicht mehr bettlägerig, sondern gefangen in einer Furchtstarre. Was genau sie damals unter den beschwerten Stuhl gebracht hatte, vermochte ich nie ganz zu klären, und sie selber konnte es nicht recht erzählen. Es war ihr an jenem Abend, brachte sie einmal mühsam zusammen, als wäre sie nicht länger sicher in ihrem Zimmer, als wäre ihr der Raum dort gleichzeitig zu eng und zu ausgesetzt gewesen, sodass sie schnell in anhaltende Atemnot geraten und deshalb versucht gewesen sei, die Fenster aufzureißen. An den Fenstern aber habe sie ein Grauen vor dem Offenen erfasst, sodass sie sich in den einzigen Raum ohne Fenster habe flüchten und mit dem Stuhl beschweren müssen. Sie musste sich einzäunen, um nicht versehentlich …

Sie sagte sie nie, diese letzte Möglichkeit, aber die Fenster blieben seither geschlossen.

Es war ruhig um sie und mich geworden, niemand schickte sich an, unsere Insel zu betreten. Wir waren noch jung, alles würde lange so fortdauern, ohne Änderung, und das war genau das, was ich mir beim ersten Anblick M.s gewünscht hatte: mit ihr allein zu sein. War es nicht egal, wie die Umstände waren, solange sie uns nur zusammenhielten?

M. nahm ihr heimisches Allgemeinstudium auf und wurde gleichzeitig an der Universität exmatrikuliert, was ihre Weltfurcht noch vergrößerte. Ich hatte es nicht verhindern können, und sie weinte ein paar Tage lang Unnutztränen über dem lapidaren Brief. Von da an musste ich auch ihre Post öffnen und ihr kleines Konto verwalten, mit dem einzigen Eingang einer Halbwaisenrente, da ihre Mutter sehr früh gestorben war.

M. befand sich in diesem Herbst in einem stabilen Zustand wechselnder Krankheiten. Ihr Körper war ein hohles Wunder; äußerlich unversehrt und schön, zählten wir an einem Tag kurz vor ihrem vierundzwanzigsten Geburtstag dreizehn verschiedene Unwohlarten darin: leichtes Asthma, Ohrenweh, Halsweh, bitterer Geschmack auf der Zunge, Übelkeit, mehrere Allergien, die sich in Niesanfällen und Kopfwehschüben ausdrückten, alter Zeckenbiss (juckend), temporäre Atemnot, Gliederschmerzen, Muskelkater unbekannter Herkunft, zu geringer Augendruck, Blasenentzündung und ein taubes linkes Bein.

Klein-M. muss komplett ausgewechselt werden, sagten wir.

Sie klagte nicht über diesen steten Reigen, sie verwaltete ihn nur noch und informierte mich morgens, bevor ich sie verließ, über die aktuelle Reihenfolge der Unpässlichkeiten. Jedes einzelne dieser Übel war genug Entschuldigung, im Bett oder wenigstens im Haus zu bleiben, auch wenn wir das gar nicht mehr in Frage stellten. Wie man ein Tagebuch mit jedem ungeschriebenen Tag schwerer zur Hand nimmt, wurde M. die Vorstellung, hinauszugehen, mit jedem Tag daheim ungeheuerlicher.

In diesen letzten Monaten, in denen sich unser Zustand so verdichtet hatte, musste ich selbst in manchen Nächten die Fenster aufreißen, um mich zu vergewissern, dass draußen noch ein Draußen war. In diesen Minuten war es mir dann, als ob nicht die Krankheiten und Ängste M. gesucht hatten, sondern umgekehrt sie diese Dinge gefunden hatte. Je länger ich darüber nachdachte, desto offensichtlicher schien mir ihr unbedingter Wille, in diesem Zustand zu versinken, und mich sah ich dabei an der Bettkante assistieren, Erfüllungsgehilfe, der seinen eigenen Vorteil an der Sache hat.

Unsinn, musste ich mir dann die restliche Nacht einreden. Hatte ich schließlich nicht alles versucht, sie gesund zu machen? Hatte ich M. nicht alles abgenommen, was ihr Angst machte? Was sie brauchte, brachte ich, und abends hängte ich gewissenhaft die Türkette ein, wie ein gütiger Gefängniswärter. Schutz gegen die Welt, war es nicht das?

Ich hatte M. von diesen schlechten Minuten am Fenster nie berichtet, ich wusste, dass sie die Zweifel mit einer Handbewegung in das Unwahrscheinlichste verschieben würde. Und schließlich: Das Schönste an ihr war allabendlich intakt, der Leuchtturm streifte mich jedes Mal noch sehnsuchtsvoller, wenn ich zu ihr zurückkam. Alles würde weitergehen, und es ging bis vor ein paar Tagen oder Wochen, als die fremden Schuhe vor der Tür standen. Verstehen Sie jetzt, dass es nicht sein kann?

Schmuskatz tauchte schlagartig aus der Versunkenheit auf.

Von den Schuhen weiß ich noch gar nichts.

Ich erzählte ihm rasch noch von den Stimmen in der Wohnung, dem warmen Geruch nach Zwiebeln, dem deutlich empfundenen Fremden in unserer engen Mitte, meinem Rückzug, der freundlichen Aufnahme unter der Treppe und meinem Mangel an Eifersucht und Aktion, was die Angelegenheit betraf.

Es kann nicht sein, sagte ich noch einmal. Es gibt niemanden. Wir haben Jahre und viele Krankheiten gebraucht, um in diese Abgeschiedenheit zu kommen, und jetzt ...

Das Goldwasser stahl mir die Worte.

Schmuskatz nickte trotzdem. Es kann nicht sein, sagte er langsam, und ich war froh, dass er das begreifen konnte.

ELF

Er sah dann lange auf seine Hand, hielt sie von nah und weit vor seine Augen, während ich unter Mühen aufstand und in den Flur ging, wo ich die Toilette vermutete. Mein Stoffwechsel war zurück. Schmuskatz schickte mir quallende Laute hinterher, aber ich verstand nichts, passierte den Reiher mit ausgestreckter linker Hand, um ihm die Schulter zu tätscheln. Das Tier missdeutete meine Absicht, kippte mir mit einem Staubschweif in die Arme. Ein paar Momente tanzte ich mit dem ausgestopften Reiher, wankte unter seiner Landung, dann hatte ich ihn ganz wie von selbst unter meinem linken Arm und trug ihn weiter. Er war sehr leicht. Ich fand ein kleines, gelbes Klo.

Zurück in der Küche, klatschte Schmuskatz bei dem Anblick, den ich mit dem anhänglichen Tier bot, begeistert in die Hände.

Recht so, recht so, heute Nacht ist keiner allein.

Wir stellten den Reiher an die freie Tischseite, er überblickte hochmütig unsere Landschaft aus Wachstuchhügeln und kleinen Goldwasserseen.

Mutabor, flüsterte Schmuskatz eindringlich zu unserem neuen Gast hin, Mutabor.

Als ich wieder aufschaute, war etwas Zeit vergangen. Das merkte ich an der Trockenheit in meinem Mund und der kleinen Unfähigkeit, das letzte gesprochene Wort zu benennen. Schmuskatz saß mir nicht mehr gegenüber, und hinter dem Küchenfenster begann sich ein erster Schatten, ein leichter Kontrast anzudeuten. Wir hatten also die ganze Nacht getrunken, ich hatte die ganze Nacht von M. erzählt. Das war es mit uns, eine Nachtgeschichte.

Ich hörte Rumoren aus dem Flur, und da stand er wieder vor mir. Er sah verändert aus, er war verändert, seine Augen maßen mich mit bisher nicht gekannter Ungeduld, die ich in keinen Zusammenhang mit meinem Zustand an diesem allerfrühesten Morgen bringen konnte, nachdem ich ihm doch in Ruhe alles ausgebreitet hatte, was war. Jetzt gab es keine Eile mehr, die Geschichte war zu Ende.

Auf, rief er aber, auf!

Doch das Einzige, was ich vermochte, war, das Glas zu greifen, das immer noch vor mir stand, und zu trinken, vielleicht weil ich dachte, der Alte meinte das mit seinem schlimmen Auf, auf!. Das Goldwasser zog an meinen Zähnen, so heilsam und geistig war es. Auf!, rief Schmuskatz wieder, und endlich sah ich ihn mit allergrößtem Nichtwissen an. Der Blick genügte.

Sie haben nicht zugehört. Wir gehen rauf.

Ich sah den Helm auf seinem Kopf, wie ein halbes Osterei, blau und gelb, den Lederriemen hatte er sich in engster Stufe um den Kiefer geschnallt, die Haare drängten an den Ohren vorbei in die Küche. In der Hand hielt er einen Eispickel, einen Gegenstand, wie ich ihn von den Eiger-Bildern kannte, in der gleichen alten Art, mit Holzstiel und nachgedunkeltem Metallschaft, ein bisschen rostig an den Zähnen. Schräg über den Leib, wie eine Schärpe, hatte der Alte ein Seil aus Perlon, aber nicht wie die Bergseile heute, in Signalfarben, sondern in leinenem Grau. Schmuskatz hatte seine Gletscherausrüstung angezogen.

Worauf warten Sie, ach, Sie haben ja nicht zugehört. Wir gehen rauf und sehen nach. Das ist das Einfachste. Sie wissen nicht, was oben vor sich geht. Vielleicht können wir es zusammen erfahren, eh?

Schmuskatz zerrte an endlosen Schnürsenkeln von Bergschuhen, die statt der Hausschlappen nun an seinen Füßen waren.

Nun schauen Sie nicht so. Sie brauchen keine Angst zu haben, ich mache den Vorstieg.

Hinauf in den zweiten Stock. In der Zeit unter der Treppe war mir dieser Weg, die paar Stufen, nicht in den Sinn gekommen, was ich jetzt, wo es so einfache und beschlossene Sache war, auf die Schwierigkeiten mit dem Eiger-Text schob, die meine ganze Aufmerksamkeit beansprucht hatten.

Bereiten Sie sich!

Schmuskatz' Stimme überschlug sich, war aber trotzdem stark genug, dass ich aufstand und wie von selbst begann, meine Füße und Beine zu schütteln, wie es Hobbysportler tun, bevor sie sich einer Herausforderung stellen. Der Alte begleitete diese Vorbereitung mit anerkennendem Nicken.

Eh, wir schauen einfach, ob die grünen Schuhe noch da sind. Wir schauen nur.

Schmuskatz war auf einmal ganz nahe und sah mich freundlich an.

Wir besuchen sie, eh, gemeinsam.

Er verschwand wieder im Flur. Leiser hörte ich:

Außerdem war ich schon seit einundvierzig Jahren nicht mehr auf einer Tour.

Ja, dachte ich oder sagte es vielleicht sogar. Ja, wir müssen hinauf in den Zweiten. Ich dachte an das dunkle Treppenhaus, das in den letzten Nächten immer über mir gewesen war, wie es all meine kleinen Geräusche verschluckt hatte, an die aufsteigenden Schritte der anderen, die sich alle jenseits des Ersten verloren hatten, und ich war sehr betrunken dabei.

Können Sie mit den Schuhen gut steigen?, fragte er.

Ich musste an den ausgestopften Reiher denken und äugte nach ihm, ob er immer noch bei uns in der Küche stand.

Der bleibt hier und wartet auf uns, sagte Schmuskatz und zwinkerte derart stark mit beiden Augen, dass ich gar nichts mehr verstand. Die Tür zum Treppenhaus war angelehnt, dahinter war es dunkel und noch nachtstill. Schmuskatz hatte am Ende des Flurs eine Kiste geöffnet, um die herum verschiedenste Gegenstände lagen. Laternen, Pakete aus Wachstuch, Gerätschaften, deren Namen ich nicht wusste, die ich aber in den Bergbüchern gesehen hatte, Keile und Haken, ein kleiner Rucksack in Signalorange, den er mir jetzt antrug.

Den mal halten. Wir brauchen noch Proviant.

Er sprach geschäftig und sah dabei immer wieder besorgt nach oben, an die Zimmerdecke, als wäre dort ein Wetter. Schon war er weiter, wühlte hinter der Bank, auf der ich saß. Er inspizierte eine Thermosflasche mit einem schwemmbraunen Korken als Verschluss, trug sie in die Küche und ließ lange Wasser laufen.

Ich weiß nicht, ob es an dem kurzen Schlaf oder an meiner fortschreitenden Vergiftung aus Schnaps und Gold lag, jedenfalls sackte ich auf der Bank wieder in eine unruhige Zwischenlandschaft, in der sich der Flur bewegte und Geräusche machte. Rattern. Ein Zug, ein Zugabteil. Das Pfeifen und ein Ruck. Ein Schlag Bergluft. Auf! Aufschrecken.

Das Pfeifen war Schmuskatz' Wasserkessel, er selbst stand an seinem Herd im Dampf des Teewassers, das er in die Kanne füllte. Ich hatte mir den kleinen Rucksack aufgesetzt. Die Trageriemen waren aus brüchigem Kunstleder, das ich knibbeln musste. Schmuskatz goss das Dampfwasser in hohem Bogen und ungenau in die Thermoskanne, bis sie halb voll war, dann füllte er den Rest bis zum Rand mit Goldwasser auf und drückte den Korken mit der Handfläche hinein. Ich drehte mich um, damit er die Thermoskanne in dem kleinen Rucksack unterbringen konnte.

Da war Wärme an meinem Rücken, die heiße Flasche strahlte ab und ließ mich an die innigste Stellung denken, die ich mit M. hatte. Unser verschachteltes Ruhigliegen, ich an ihrem Rücken oder sie an meinem, je nachdem, wer sich kleiner und schwächer fühlte. Meistens ich an ihrem. In dieser Lage waren alle Stunden vierfach schnell vergangen, waren ganze Wochenenden über uns hinweggezogen, während wir im gleichen Takt atmeten, unsere Körper sich hoben und senkten wie einer. Dass ein anderer so ruhig bei ihr liegen könnte, die Gleichheit herstellen dürfte und sie mit ihm atmete, hatte ich mir nie vorgestellt. Sie streifte die Blicke anderer Männer früher mit Nachlässigkeit ab, griff gleichzeitig meine Hand und schob mich dazwischen. Nie hatte M. von einem anderen gesprochen, nie hatte sie etwas angedeutet, das außerhalb meiner Reichweite war.

Schmuskatz stand vor mir, sah mich nachdenklich an.

Eben, murmelte er, eben,

und verschwand in der Widmungsbibliothek. Ich folgte ihm, mir war kalt und unwohl.

Wir brauchen noch Karten.

Er stand an sein Regal gelehnt. Der suchende Daumen stolperte diesmal über die Buchrücken, rutschte mehrmals ab und landete an der Kante des Regalfachs. Der Alte stieg ab und querte wie aufgezogen den Raum mit Helm und Seil.

Ha!

Er drehte einen Korb um, gefaltete Papiere fielen

heraus. Eines davon breitete er auf dem Boden aus und stellte die Bakelitlampe in die Mitte.

Berner Oberland 1, Interlaken Jungfraugebiet, las ich.

ZWÖLF

Der Wiggerl, der eigentlich Ludwig Vörg hieß, war schon einmal in der Eiger-Nordwand gewesen. Er war sogar sehr weit gekommen damals, 1937. Zusammen mit Mathias Rebitsch blieb er ganze einhundertzwölf Stunden in der Wand, dann stiegen sie wieder ab und waren die erste Seilschaft überhaupt, die unbeschadet wieder losgekommen war, von der Mordwand, wie die Zeitungen schrieben. Nur der Gipfel war nicht erreicht. Im nächsten Jahr wollten die beiden eigentlich wieder los, aber Rebitsch, der große Rebitsch, wurde zur Nanga-Parbat-Expedition gerufen, und Wiggerl blieb allein in München. Vor seiner Abreise ins Himalayagebiet hatte Rebitsch dem Kletterfreund aber noch Anderl Heckmair vorgestellt, als ahnte er, dass diese beiden es schaffen könnten.

Die Burschen besahen sich also, sahen weniger die Arme und Muskeln, prüften vielmehr den Blick des anderen, wie er hinaufschaute, beim Gehen die Füße setzte und wie sparsam beim Sprechen die Worte, wie er den Rucksack packte und seine Haken und Seile behandelte. Danach vereinbarten sie ein paar Touren, fuhren mit dem Rad in den Wilden Kaiser, schliefen im Zelt,

Geld war wenig da. Im Kalk des Kaisers, den sie in übergroßer Eile und schweigend durchstiegen, als müssten sie dabei vor Zuschauern bestehen, waren sie erst nur eine Seilschaft. Ein zufälliges Kommando der beiden Besten, die noch jeder einsam für sich in der Wand die Schwerkraft fühlten. Erst nach einigen Gipfeln begann es, dass sie sich zuerst für den anderen sorgten und dann für sich selbst. Hinterbärenbad, Stripsenjoch, Totenkirchl-Westwand, Dülferweg, Fleischbank-Ostwand waren die Stationen, die sie in jenem Frühsommer besiegelten, und dazu die vielen Momente, in denen einer dem anderen zusehen musste, wie die Finger die richtigen Griffe fanden und die Füße des Gefährten weit oben vorsichtig nach einem Tritt oder Stand tasteten, so lange, bis sie endlich sicher genug in einem Vorsprung standen und der vertraute Ruf Stand! aus dem Fels hallte, der den anderen so unbedingt zum Nachgehen ermutigte, dass er bedenkenlos nachstieg. Am Ende jeder dieser Touren war das Vertrauen ein Stück gewachsen, bis es irgendwann reichte, um mit dem anderen in die Westalpen und bis an die dunkle, eisige Wand zu gehen.

Wir waren gerüstet. Im Schein der Flurlampe standen Schmuskatz und ich in der Unruhe, die jedes Unterfangen begleitet, das voreilig und nicht bis ans Ende gedacht ist. Der Rucksack spannte. Dazu waren Schmuskatz und ich natürlich betrunken. Er konnte nur wenige Schritte machen, ohne sich mit der Hand an der Wand zu stützen. So stand er jetzt an den Türrahmen gelehnt und lugte hinaus, wo mein alter Treppenwinkel immer noch ganz im Dunkel lag.

Los jetzt, sagte er nach einer Weile, es ist die beste Zeit.

Schmuskatz machte den Anfang. Bis an den Treppenfuß, vorbei am Papierkorb, gelangten wir vorsichtig tappend, aber ohne Schwierigkeiten. Später, wenn es steiler würde, müsse er mich anseilen, das geböte die Sicherheit, hatte er noch im Flur erklärt. Mich schwindelte, die Dunkelheit hatte meinen Gleichgewichtssinn noch einmal halbiert, die fehlenden Wände steigerten meine Unsicherheit an diesem frühen Morgen. Kein Zurück, dachte ich schon, als die rettende Tür erst eine Armlänge entfernt war. Das Flurlicht aus der Wohnung streute nur wenig, Schmuskatz, der schon vorn am Treppenfuß stehen musste, war nicht mehr zu sehen, und um nicht anzustoßen, hielt ich tastend die rechte Hand vor mich. Blind war ich, aber zunächst ging alles gut, auch wenn der Boden unter mir bei jedem zweiten Schritt federnd nachgab. Die Dunkelheit hatte die anderen Sinne geschärft, aber vom Goldwasser waren sie wiederum verdorben. So meldete meine Nase seit Minuten nichts als Waldduft und Anis, dazu hörte ich ein hohes Rauschen, das sich mal verstärkte, dann wieder abklang.

Meine Hand griff in den Wollpullover des Alten, ich taumelte, er gab mir wieder Halt und reichte mir eine Seilschlaufe.

Eh, festmachen, bitte schön!

Aber wo?

Ziehen Sie es doch durch die Gürtelschlaufen. Das ist zwar nicht gerade gletscherspaltensicher, aber für die Treppe wird es wohl reichen.

Ich tat es, fädelte das mürbe Bergseil um meine Hüfte, dann nahm Schmuskatz das Tauende und machte mit schnellen Bewegungen einen Knoten, den ich nicht sah, aber mit meinen Händen ertastete. Eine Acht mit großem und kleinem Bauch.

In der Ferne war das winzige Leuchten des Lichtschalters neben der Eingangstür.

Kein Licht!, raunte Schmuskatz.

Mir war schwindlig, und ich schloss die Augen, nur für einen Moment.

Wiggerl und Anderl waren am frühsten Morgen aufgestanden, denn die Zeit war an der Eiger-Wand das Kostbarste. Jedes Biwak saugte das Leben aus den Bergsteigern, jede sitzend am Stein durchwachte Nacht brachte sie dem Tod näher. Drüben, wo in ein paar Stunden die ersten Lichter in der Kleinen Scheidegg zu sehen sein würden, war noch gar nichts. Viel näher und ebenso dunkel war die Wand, den Widerstand fühlten sie an ihren Wangen und Schläfen, wohingegen das Offene des Tals weich und frei um sie strich, wenn sie sich bei ihren Vorbereitungen auf die andere Seite wandten.

Sie hatten die Bekannten, die dort unten in der

Station waren, die Bergführer aus Grindelwald, gebeten, ihre Ankunft zu verschweigen. Ein Wettrennen wollten sie nicht, auch wenn sich Anderl, der Vorgänger, nie recht dazu geäußert hatte. Sie wussten, dass andere kommen würden oder schon da waren. Der Eiger war das letzte der drei alten Probleme, in jedem Dorf der Westalpen saßen welche, die es versuchen wollten, und manche, die es auch konnten. Im vorletzten Jahr hatten die Schweizer ein Wandverbot ausgesprochen, nachdem in einem Sommer vier in ihren Seilen gestorben waren, darunter Toni Kurz und Anderl Hinterstoisser, die zu den Besten gehört hatten. Sie waren aus Berchtesgaden an die Nordwand gekommen, hatten davor ein ganz ähnliches Programm gemacht wie die beiden, die jetzt schweigend noch Ovomaltine tranken, hatten bei ihrer Anreise das Gleiche gesehen, diese Nachtluft vor dem Einstieg geatmet, halb Heu, halb Fels, und waren doch schon zwei Jahre tot, gestorben auf ihrem verzweifelten Rückzug vor den Schrecken des Steinschlags, der Eisfelder und der Ausgesetztheit.

Die Ovomaltine belegte die Zunge lauwarm mit Schokoladenmalz. Das würden sie mitnehmen, diesen Geschmack des Tals, auch wenn er sich bald schon in den rostigen Eigengeschmack verwandelt haben würde, den die geplatzten Äderchen ihrer Bronchien abgaben. Ein Wettrennen wollten sie nicht, aber der günstige Wetterbericht, diese kurze Schneise, die sich auftat, würde andere anziehen. Sie mussten los.

Das unergründliche hohe Rauschen, weit über allem.

Wiggerl machte das Zelt zu, das so ruhig zwischen zwei Felsplatten stand. Wer würde es wieder öffnen? Der Anderl war schon zwei Schritte voraus ins Dunkle. Das war es jetzt.

DREIZEHN

Eine Minute verharrten wir vor dem Treppenabsatz, Schmuskatz schnorchelte andächtig. Also, sagte er dann fest, und ich erschrak doch. Mit einem Ruck im Seil vergewisserte er sich meiner Gefolgschaft und setzte ruhig den Fuß auf die erste Stufe. Ich hörte das vertraute Geräusch dieser Stufe, die durch ihre direkte Verankerung im Boden noch nicht schwang wie die anderen darüber, sondern nur kurz und fest blockte.

Das Treppenversteck, Schmuskatz' kleine Küche, so lange war ich im Erdgeschoss geblieben. Nun also ging es hoch. Obwohl es nur eine Treppenstufe war, erreichte ich ihr Plateau mit jenem Ziehen in den Beinen, das einen Schmerz ankündigt. Ich griff ins Seil, der Alte war neben mir, seine Hand kurz auf meiner Schulter.

Eh, na also, großartig.

Ich nickte konzentriert. Etwas anderes beanspruchte meine Aufmerksamkeit: Ich hatte mit diesem Schritt den Krümmpunkt gefunden und überwunden. Der eine verlorene Zentimeter, der nicht mehr Tal ist und noch nicht ganz Berg, lag unter mir. Er war im zarten Weh meiner Knie, in meinem schnelleren Atem hier oben, er war die Besteigung an sich. Wäre ich unter der Treppe geblieben, hätte ich diese Entdeckung nicht gemacht, das war mir klar. Ja, es schien mir sogar, dass mein ganzes Leben mir den wunderbaren Krümmpunkt vor der heutigen Besteigung vorenthalten hatte. Es gab darin keine Aufstiege, es gab nur Ebenen, die ich ruhig durchwandert hatte. Aber der gesuchte Punkt war mehr als der Umstand, dass es Berg und Tal gibt, was jedem Menschen geläufig ist. Er war die Idee, von einem zum anderen zu wollen, von den Niederungen hinauf zum Gipfel. Weil es für diesen Wunsch der Bergsteiger keinen richtigen Grund gibt, weil oben nichts auf sie wartet und ihre größte Leistung darin besteht, einen Weg so lange zu gehen, bis nichts mehr zu gehen übrig ist, liegt der Zauber nicht oben, sondern unten, im ersten Schritt. All das wurde mir auf der untersten Treppenstufe im dunklen Hausgang deutlich, Schmuskatz' Hand kurz auf meiner Schulter.

Kommen Sie, bleiben Sie nicht zu lange stehen, Sie kühlen aus.

Obwohl er nicht weiter als ein oder zwei Schritte voraus sein konnte, klangen seine Worte jetzt wie aus der Ferne, als wären sie längst gesprochen gewesen, als sie mich endlich erreichten. Ich sah nichts, die Treppe lag in tiefdunkler Nacht, und die Augen konnten sich nur bis zu einem gewissen Grad daran gewöhnen. Eben hatte ich noch den Alten vor mir geglaubt, aber nun griff meine Hand ins Leere. Ich schwankte unter der ziellosen Bewegung und wäre von dem Schwung um ein Haar zu nah an den Rand gekommen.

Kommen Sie!

Die Worte noch weiter weg. Ich stieg ihm nach und ließ das Gewesene unter mir.

Anderl und Wiggerl stiegen auf. Immer noch war es dunkel, aber den Einstieg in die Wand und die ersten Seillängen kannten sie nahezu auswendig, von den früheren Fahrten an den Berg und von ihrem Versuch vor zwei Tagen, als sie im unteren Drittel umkehrten, weil zwei Seilschaften, Kasparek und Harrer sowie der Fraißl mit dem Bankovsky, schon vor ihnen in der Wand waren. Da waren sie sich einig gewesen: Das ging nicht. Von unten in Alpiglen hatten sie mit den Touristen zugesehen, wie zwei der Figuren wieder abstiegen. Fraißl war bei einem Steinschlag schon im unteren Drittel der Wand verletzt worden, sie kamen mit Not wieder heraus.

Der Harrer war noch in der Wand. Aber sie sprachen nicht darüber. Das Steigen geht auf den ersten Längen fast blind, ist auch bei Licht die meiste Zeit ein Tasten und Fühlen. Ihre Hände suchten die wenigen Risse im Stein, die Füße fanden die schmalen Trittplätze und Vorsprünge von allein. Zu der technischen Schwierigkeit der Senkrechte kam die Mischung aus Eis und Fels, die die beiden Münchner bald dazu zwingen würde, mit den Zwölfzackern zu klettern und jedem Griff und Tritt zu misstrauen. Ein dünner Eisüberzug schon machte den Halt zunichte, unsichtbar für das Auge. Dazu das Wetter, über das vor jeder Besteigung, aber auch unten

in der Kleinen Scheidegg beim Wirt und den Tages-
gästen, wieder und wieder gesprochen wurde. Das Wetter machte die Nordwand neben Felsschlag und Eis und
neben der schlichten Länge der Besteigung zu jenem
besonderen Hindernis, das allen Anstrengungen widerstand und deswegen die Titelblätter schmückte. Ein
Wettersturz war nicht nur, wie überall in den Bergen,
ein Risiko und Grund höchster Beunruhigung, sondern
etwas, bei dem man am Eiger schnell starb.

Anderl und Wiggerl hatten die Unglücke der letzten
Jahre immer wieder besprochen, waren sie gewissermaßen nachgestiegen und hatten dabei versucht, die Fehler
der anderen kennenzulernen. Vor sich die alten Wetter-
berichte, waren sie in Gedanken und mit dem Finger auf
der Karte die Führen nachgestiegen, hatten die Biwak-
plätze der Kameraden geschätzt und dann die Vorfälle,
die zur Katastrophe geführt hatten. Wie würden sie ent-
scheiden, wenn es soweit war? Eine Hand, in der Wand
zerschmettert von einem kleinen Stein. Ein Haken, der
nicht gehalten hatte, ein Sturz über eine halbe Seillänge,
den das Seil zwar noch auffangen konnte, der aber den
Brustkorb quetschte. Dazu das immer neue Wetter, die
Eisfelder unterm Gipfel, von denen noch niemand etwas berichtet hatte, die Erschöpfung schon nach den
ersten hundert Metern.

Alles war trügerisch. Bald würde im Morgenlicht
unter ihnen Grindelwald zu sehen sein, das alte Dorf
mit Häusern, die aussahen, als wären sie zu lange im
Feuer gewesen. Grindelwald war den Kletterern mit sei-

nen sanften Grasmatten immer so nah. Die Schienen der Jungfrau-Bahn, die direkt in den Eiger führten, reflektierten das Sonnenlicht noch viel näher. Das Ungefährliche, das Menschliche waren überall um sie, aber doch unerreichbar in der Wand. Die Nordwand war den Gesetzen der warmen Welt enthoben, nichts davon galt, nicht einmal das, was noch im weichen Kalk des Wilden Kaiser als sicher erachtet wurde. Nein, Anderl Heckmair und Ludwig Vörg waren eingestiegen in eine einzige große Anstrengung, mit nichts vergleichbar und deswegen mit einem eigenen Namen benannt, der all das umfasste und den die Menschen in ganz Europa mit der gleichen Ehrfurcht sprachen: Eiger.

Das alles aber dachten Wiggerl und Anderl nicht, sie fühlten es höchstens, während sich vor ihnen immer nur das Nächste auftat. Griff, Sichern, Haken, Seil nach, Stand. Sie kamen gut vorwärts, um halb fünf schon standen sie auf dem Pfeiler.

Die nächsten Stufen erschienen mir nicht wie Treppenstufen, sondern wie ein Pfad, den Schmuskatz für mich geschlagen hatte. Er verlief auch nicht gerade, sondern formte Serpentinen in den Treppenhang, der mir auf diese Weise viel steiler vorkam. Ich folgte der Spur vorsichtig, mit einem Fuß suchend und dann den anderen erleichtert nachziehend, und jeder dieser Schritte kostete mich viel Zeit und Kraft. Die ungewöhnliche Anstrengung und die Sehnsucht nach einer Pause schob ich auf meinen bedenklichen Zustand. Das Goldwasser ließ meinen Kopf jeden Moment schwer zur Seite abkippen, was meine Orientierung noch lückenhafter machte. Immer wenn ich ihn wieder aufgerichtet hatte, wirbelten Oben und Unten noch eine Weile durcheinander wie die Wasser hinter einem Taucher, und ich musste warten, bis etwas Ruhe eingekehrt war und ich meinen Mittelpunkt und die Ränder sortiert hatte.

Obschon ich den Ort kannte, kam er mir nicht bekannt vor. Ständig griffen meine Hände ins Nichts, wo ich die Wand oder das Treppengeländer vermutet hatte. Dann wieder schlug das Knie unvermittelt hart gegen den Wandputz, der mir besonders rau und scharf vorkam. All diese Sinnestäuschungen und Fehlgänge lastete ich dem Betrunkensein an. Auch das Atmen fiel mir schwer, was mir wiederum von dem langen Sitzen unter der Treppe zu kommen schien, meine Lunge hatte sich dabei scheinbar etwas verdrückt. Immerhin, ich war eine Woche oder mehr nur gesessen und nichts weniger gewohnt, als aufzusteigen.

Von Schmuskatz hörte ich nur ein gelegentliches Klopfen, das metallisch von weit oben kam. Die halbe Treppe mochte ich geschafft haben, als er mit schauerlich sich überschlagender Stimme plötzlich Stand! rief. Das Echo warf sich von ihm zu mir und zurück. Ich wusste nicht, was er darauf von mir erwartete, und ruckte als Antwort kräftig am Seil. In die Stille schlug zum ersten Mal die Kirchturmuhr, wir mussten über eine Stunde für die erste Treppe gebraucht haben.

Nicole, sind Sie da?

Schmuskatz fragte das halblaut, und ich rief schnell
zu ihm herauf:

Ja, ja.

Stand!,

wiederholte er nach einer Weile leise, und dann:

Nachsteigen!

Das lockere Seil über meine Schulter aufnehmend,
wie ich es auf Fotos gesehen hatte, stieg ich seinen
Pfad nach. Die erste Ahnung des Morgens gab durch
das Fenster ein wenig Licht auf meinem Weg, und so
konnte ich bald schwer atmend zu Schmuskatz aufschließen. Sein Stand war der Treppenabsatz im ersten
Stock, seine Beine baumelten über die Kante, sorgfältig
sicherte er mich bis zum letzten Schritt.

Stumm nickte ich, ohne ihm in die Augen zu sehen,
stumm hielt er mir die alte Thermosflasche mit seinem Goldwassertee hin. Der Wasserdampf beschlug
meine Wangen. Ich stellte fest, dass sie eiskalt waren
und meine Fingerspitzen gefühllos. Schmuskatz' zotti-
ger Bart war von einer Reifschicht überzogen, an der
rechten Seite, schräg oberhalb des Kinns, hing ein winziger paprikaroter Eiszapfen. Er nickte und brach ihn
ab, wobei ein kleines Stück Haut abging.

Nicht schlimm, sagte er, wenn das alles ist. Trinken
Sie.

Schon nach einem Schluck Goldwassertee war mein
Rausch zurück, mir war übel und wohl. Ich war froh,
hier oben nicht allein zu sein.

Der Alte aber sagte:

Ich war immer allein.

Am Berg?

Nicht nur da, auch in meinem Laden und hier in der Straße. Ich kann mich kaum an Zeiten erinnern, in denen es anders war.

Die Luft hier oben schien ihm nichts auszumachen. Durch das Fenster weiter drüben dünnte erstes Licht ein, auch Wind kam von dort. Schmuskatz und ich saßen nah nebeneinander auf dem kleinen Vorsprung, ich halb auf dem gerollten Seil. Sein Haar wirkte von der Seite nicht mehr kaltweiß vom Reif, sondern hatte jetzt die Farbe von hellem Bernstein.

Bei mir waren es die Widmungen. Schon mal aufgefallen? Wer einsam ist, wird oft Sammler. Die großen Sammler waren alle Einzelgänger, das wäre doch mal eine Geschichte, die Sie schreiben könnten, nicht? Das Sammeln ist nun mal nicht der schlechteste Ableiter. Jeden Morgen wacht der Sammler mit einem Wunsch auf, jede Langeweile vertreibt er sich mit diesem seltsamen Wertesystem, das er selbst geschaffen hat. Seine Liebe verwendet er auf die Objekte, die nur deswegen etwas wert sind, weil er es so bestimmt hat, weil er sich entschieden hat, sie zu lieben. Im Grunde war das bei mir schon mit den Steinen so. So ein Bergkristall, wissen Sie, ein wunderbarer Rauchquarz von der Göscheneralp, der liegt seit hunderttausend Jahren in einer kleinen Kluft, umgeben von Millionen Tonnen von derbem Gneis, und nichts unterscheidet ihn davon, nur seine chemische Zusammensetzung, aber was interessiert das die Felsen. Na, bis jedenfalls eines Tages ein Strahler kommt, der die Spuren im Stein lesen kann und den Rauchquarz findet, ihn aufhebt, in feuchtes Zeitungspapier schlägt und behutsam ins Tal bringt. Nur weil dieser Mensch dem Stein Bedeutung gibt, ihn tauft und einordnet und weil ich ihm schließlich einen Preis geben kann, ist er etwas wert. Sehen Sie, genau so verhält es sich mit jeder Sammlung und jedem guten Sammler. Er hat sich die Leidenschaft ausgedacht, und sie währt ewig, weil jedes gute Sammelgebiet unendlich ist, oder besser: dauerhaft unperfekt, und der Sammler setzt bis zu seinem letzten Tag alles daran, seine Sammlung ein Stück näher in Richtung Perfektion zu bringen. Durch die Widmungen lernte ich außerdem wieder Menschen kennen. Zwar gibt es auf meinem Gebiet sehr wenige, aber Bücher allein ziehen alle möglichen Sammler an, nicht wahr, kaum einer wirft sie ja weg, und von da ist es nur ein kleiner Schritt zu irgendeiner Sammelei. Na, das wissen Sie ja. Noch Goldwasser? Ja, sehen Sie, wir tauen! Herrlich, was? Bald gehen wir weiter. Wo war ich stehengeblieben?

Bei den Menschen, die Sie wieder kennenlernten.

Ach ja.

Weil er nicht gleich weitersprach, sah ich zu ihm hin. Der Bernsteinton um ihn war kräftiger geworden, leuchtender Honig, ganz wach blickte er mich an. Um seine Augen war etwas, das ich schon einmal gesehen hatte, das ich so gut kannte. Dann war es wieder weg.

Ja nun, jedenfalls war durch die Widmungen wieder

etwas Leben um mich, wie von selbst, und der Metzger bot an, mich zu versorgen. Ein kräftiger Mensch, wissen Sie, alles kräftig, auch das Herz. Und dann kam noch der Reiher, eh, anonym mit der Post. Ein richtiges Haustier hätte ich niemals angenommen, aber dieser hatte etwas in seinen Glasaugen, das mir recht empfindsam schien. Und dann, viel später …

Er verstummte.

Warum immer Hähnchen?

Eh?

Warum lassen Sie sich vom Metzger nie etwas anderes bringen?

Ah ja, gut, überaus aufmerksam. Jetzt werden Sie gleich lachen, mein Lieber, aber doch, es lässt sich nicht leugnen: Als Bub hatte ich mich in die Miss Universum verliebt. Ja, sehen Sie, Sie lachen. Lisl Goldarbeiter war eine Berühmtheit, ein Star, zumindest in Wien. Nie gehört? Sie war die allererste Miss Universum, die nicht aus Amerika kam, ihr Bild fand sich auf Plakaten und Heftchen, und wir sammelten jeden Fetzen, den wir kriegen konnten. Ihre Schönheit war ganz erstaunlich, ich sehe sie immer noch vor mir, Augen, also, tadellos. Als ich sechs war, bekam sie ihren Titel, und keiner konnte es glauben: ein Wiener Mädl aus der Freilagergasse, schönste Frau der Welt! Als Kind nimmt einen das ja noch ganz anders mit. Immer ging es um die Goldarbeiter. Was für ein Name, nicht wahr? Der Vater ungarischer Jude, ich weiß nicht mehr, war er Wirt oder Koch oder, eh, jedenfalls ging bald die Geschichte von seinem Paprikahendl durch die Stadt. Es war das liebste Essen der Lisl, in jedem Interview sagte sie das, auch in Amerika. Das Paprikahendl vom Papa! Es gab auch bald ein Lied dazu, in Wien, glaube ich, mit ungefähr der Botschaft, wer schön sein will wie unsere Lisl, muss nur recht stark Paprikahendl essen. Ich wollte dann freilich auch eines, belagerte meine Mutter in der Küche um ein Hendl, aber das gab es nicht. Und weil mir diese geheimnisvolle Speise endlos verwehrt war, steigerte ich mich in einen regelrechten Paprikatrieb hinein. Na ja, ich war verliebt. Das ist alles. Durch die Welt, im Krieg, habe ich ihre Spuren verloren. Vor ein paar Jahren ist sie gestorben, kurz vor Weihnachten, warten Sie, das war 1997, und seitdem ...

... essen Sie ihr Paprikahendl.

Er sah mich zufrieden an.

Nichts anderes. Alle drei Tage eines. Massentierhaltung sei Dank, ich kann es mir heute leisten. Und ich glaube, der Paprika hat mich konserviert, obwohl seine aseptische Wirkung wissenschaftlich betrachtet nicht gerade überragend ist. Aber die Lisl hatte schon recht damit, wäre sie doch nur beim Hendl geblieben, sie würde heute noch leben. Irgendwie ist das doch eine herrliche Liebe, ihr guter Rat von damals hält mich heute dauerhaft am Leben, besser geht es doch unter alten Eheleuten auch nicht, was? Nur schöner werde ich nicht. Was sagen Sie übrigens zu diesem Goldwasser? Fürchterlich, nicht wahr, man glaubt, das Gold hätte sich im Kopf wieder zu Barren gegossen. So betrunken bin ich noch nie aufgestiegen. Zu den Gletschern hatte ich immer nur Skiwasser dabei, kennen Sie das, sehr wenig Himbeersirup und sehr viel Wasser, wie das Leben, haha.

Schmuskatz quasselte. Das Trinken hatte ihn gelöst, und wären nicht seine Anreden an mich gewesen, hätte nichts auf meine Anwesenheit schließen lassen. Schon seit längerem, seit seiner Schilderung dieses Wiener Mädchens, hatte mich eine Unruhe ergriffen. Eine Gipfelunruhe. Ich wollte weiter.

VIERZEHN

Anderl und Wiggerl setzten wenige Haken, und schon vor sieben Uhr kamen sie an den Quergang. Der Hinterstoisser-Quergang war ein Umweg, den alle gehen mussten, die in den oberen Teil der Nordwand vordringen wollten. Zweiundvierzig Meter führte er seitlich über die Wand, nur auf diesem Weg konnten die Bergsteiger einigen Überhängen entkommen, die hier unüberwindlich vor ihnen lagen.

Andreas Hinterstoisser hatte diese schwierige Horizontale vor zwei Jahren meisterhaft erschlossen, aber sie hatte ihn auch umgebracht. Kurze Zeit nachdem er und seine drei Seilkameraden damals die Passage hinter sich gelassen hatten, war ein Eissturm aufgezogen. An die blanke Wand gedrückt, hatten die vier jungen Männer versucht, auszuhalten, bis sie sich schließlich, halb erfroren schon, auf den Rückzug verständigten. Aber die Platten des Quergangs waren nun vollständig vereist, und das Seil, von Hinterstoisser gelegt, an dem sie alle hinübergelangt waren, hatten sie abgezogen. Damit war die Stelle unmöglich geworden, der Rückzug abgeschnitten. Beim verzweifelten Versuch, ein neues Seil zu legen, starben die vier. Seit diesem Unglück hatte der

Quergang einen Namen, und jeder ernsthafte Bergsteiger in Europa wusste fortan, dass an dieser Stelle ein Fixseil zu belassen war, das einem beim Rückzug das Leben retten konnte.

Anderl und Wiggerl nahmen die Traverse, sie hatte weniger Eis als erwartet. Dann standen sie im ersten riesigen Schneefeld, ein endloser weißer Fleck an der Wand, gesprenkelt von Felsstürzen. Der Morgen hatte neue Geräusche gebracht. Überall um sie lief schon das Wasser, die Sonne hatte begonnen, das Nachteis zu tauen, sein Glucksen und Spielen in den Eisrinnen unterschied sich nicht von einem Wiesenbach.

Je höher sie kamen, desto näher ging den beiden Männern eine Frage. Wo war Harrer? Stand er in diesen Stunden schon auf dem Gipfel, waren sie zu spät? Scheu hatten sie in den letzten Stunden beim Klettern nach Spuren der anderen Seilschaft gesucht, um ihren Vorsprung zu schätzen, manche fremde Haken gefunden und auch benutzt, aber die konnten allesamt von früheren Versuchen stammen. Auch das Fixseil, das sie im Quergang gefunden hatten, verriet nicht allzu viel. Sedlmayr und Mehringer waren weiter oben gestorben, vielleicht war es ihres gewesen. Natürlich hatten Anderl und Wiggerl ein neues Seil gelegt, das gebot die Vorsicht und die Gleichheit aller, die in der Wand waren.

Hier im Schneefeld aber sahen sie nun die wahrhaftigen Spuren ihrer Vorgänger. Es waren Stufen, die Harrer und Kasparek mit ihren Eisbeilen in den harten, steilen Schnee geschlagen hatten. Eine mühsame Arbeit, jeder Schritt nach oben verlangte eine neue Stufe, es war eine Treppe in den Berg. Diese Mühe aber musste das Werk des gestrigen Tages gewesen sein. In der Nacht war frischer Schnee vom Wind hineingefroren worden und hatte die Mulden schon wieder nahezu eingedeckt. Wiggerl und Anderl schlugen keine neuen Stufen. Die modernen zwölfzackigen Steigeisen an ihren genagelten Bergschuhen hatten vorn zwei Hauen, was sie bei der Kletterei zu gefährlichen Dolchen machte. In dieser steilen Schneewand aber konnten sie die Spitzen in das Eis schlagen und hatten so ein beinahe komfortables Steigen.

Gegen elf Uhr kamen sie an den seltsamen dunklen Fleck im Eis, den sie seit einiger Zeit vor Augen hatten. Die Schatten fielen dort anders als im übrigen Schneefeld. Es war eine Stufe, groß wie eine Badewanne, an ihren Rändern Rußspuren und Urin, eine verschneite Konserve. Sie hatten den Biwakplatz von Harrer und Kasparek erreicht. Hier also. Die beiden mussten im unteren Wandteil Probleme gehabt haben, wenn sie sich hier schon zur Nacht entschieden hatten. War der Quergang stärker vereist gewesen? Waren sie später aufgebrochen, in der Hoffnung, dass die heiklen Stellen angetaut waren? Aber jeder wusste, dass mit der Wärme auch der Steinschlag zunahm.

Schon jetzt sprengte es unablässig aus dem Berg, mal näher, mal ferner, Stein auf Stein, oder dumpfer, wenn Stein auf Eis schlug. Über acht Stunden waren Wiggerl und Anderl bis hier gestiegen, die letzten Seillängen hatten trotz der Steigeisen mehr Kraft gekostet, als ihnen lieb war. Neunhundert Meter fiel die Wand nun unter ihnen ab, und sie trotzten dieser Tiefe doch nur auf zwei winzigen Stahlzähnen, die sie bei aller Kraft keine drei Zentimeter in das brüchige Eis schlagen konnten. Zwei Schneefelder lagen noch vor ihnen. Sie ließen sich in der Wanne nieder, die die anderen gegraben hatten, und zerkauten eine Weile, jeder für sich, ihre kurzen Atemzüge.

Schmuskatz war schließlich doch noch aufgestanden und hatte das Seil geprüft, meine Sicherung, die Acht geöffnet und nachgeschlungen. Das gemütliche Plaudern war schweigsamer Vorbereitung gewichen, unterbrochen nur hin und wieder von seinem haltlosen Kichern. Der Alte hatte noch manches erzählt, aber es hatte nicht mehr die Dringlichkeit gehabt wie die kurze Geschichte seines langen Lebens.

Während er gesprochen hatte, hatte ich mir wie jeder Zuhörer aus seiner Sache jene Fäden gezogen, die mich angingen oder die zu mir führten. Er war sein Leben lang allein gewesen und wirkte doch so wohlumsorgt und beseelt, wie ich es von mir nur nach langen Tagen mit M. kannte, und dann hielt es nicht vor, sondern verbrauchte sich umso schneller, je fester ich es halten wollte. Im Gegensatz zu dem Alten war ich bis zu diesem Abenteuer seit Jahren keinen halben Tag mehr allein gewesen und war doch jenseits von M. allen anderen Menschen und mir selber wie ein Einzelgänger vorgekommen. Wo ich nur eine Hälfte war, war Schmuskatz ein Ganzes. Dies begreifend, sehnte ich mich bei seinen Worten nach M., wie ich es die letzten Tage niemals getan hatte. An ihrer Seite war das Unsichtbare sichtbar, und das Unnütze wurde nutzbar. Alles, was ich bieten konnte, traf bei ihr auf Nachfrage. Sie war in allen Dingen das, was fehlte. Zwar konnte ich mir keine genaue Vorstellung davon machen, was uns am Ende dieser Bergfahrt erwarten mochte und wie ich Schmuskatz und M., die grünen Schuhe und die Zeit unter der Treppe in eine verständliche Ordnung bringen sollte. Doch all das berührte mich nicht bei dem Gedanken, M. würde die Tür öffnen, wie sie es bisweilen tat, bevor ich den Schlüssel zur Hand hatte. Hell eingerahmt stand sie dann in der Tür und lockte mich jedes Mal mit einer neuen stummen Verheißung.

Verheißung, eh? Das ist das rechte Wort.

Überrascht sah ich dem grauen Alten ins Gesicht. Die Strapazen der Nacht hatten darin dunkle Gräben gezogen. Wie erschrocken zwinkerte es mich daraus an.

Was meinen Sie?

Na, ich sagte doch, ich habe Ihre M. schon gesehen, an meinem Fenster und auf der Treppe.

Er sagte Emm, mit langem weichem Ausklang. Die Grübchen, die ich früher schon einmal an ihm bemerkt hatte, dellten seine Wangen, die Augen hatte er niedergeschlagen. Verlegen trug er den Rucksack, den ich auf meinem Rücken gehabt hatte, auf dem schmalen Absatz im Kreis und wagte nicht recht, ihn mir hinzuhalten.

Geben Sie, sagte ich sanft, und dankbar reichte er mir das kleine Bündel, um sich sogleich der Schnürung seiner Stiefel zuzuwenden, die er beim Sitzen gelockert hatte.

Sehen Sie, lieber Nicole, ich bin alt, furchtbar alt. Ich vergesse die Dinge. Der Metzger bringt mir alle drei Tage ein Huhn. Vor meinem Küchenfenster ist den ganzen Tag die längst verbrauchte Aussicht. Ich hatte nichts mehr zu hoffen, seit Jahren, können Sie sich das denken? Sie war so …

Ich wollte nicht, dass er weitersprach, seinetwegen, denn die letzten Sätze hatten den verzweifelten Anklang luftarmer Erschöpfung. Um das wegzuwischen, zog ich mir den Rucksack mit Schwung auf den Rücken, verlor dabei trunken den Stand und kippte in die Richtung, aus der wir, vor wie langer Zeit?, gekommen waren. Am Hemdkragen erwischte mich die faltige Hand, der Stoff hielt lange genug, um mein Kippen in die Gegenrichtung zu drehen, dann ratschten die ersten beiden Knöpfe ab. Schlingernd stand ich wieder, und Schmuskatz sah mich wild an. Ein neues Licht.

Jetzt gehen wir. Ein Quergang, eh? Nicht schwierig, aber passen Sie am Rand auf.

Ich nickte, er ging voran. Der Quergang war der erste Stock. Bis zum nächsten Treppenpfeiler mochten es an einem normalen Morgen acht Meter sein.

Greifen Sie ins Seil!

Schon wieder hatte ich den ehemaligen Gletscherfotografen aus den Augen verloren.

Anderl und Wiggerl hatten die Badewanne der anderen hinter sich gelassen. Vor ihnen lagen nun die frischgeschlagenen Stufen des heutigen Tages, und manchmal trug der Wind auch schon die Pfiffe und Dünste der Ostmarkler zu ihnen. Der Einstieg ins zweite Schneefeld war ein Flaschenhals, durch den in der Mittagswärme unablässig Schmelzwasser und Steine abgingen. Anderl führte sie so gut wie möglich an seinem Rand entlang, aber zweimal verfehlten die Steine ihre Köpfe nur um wenige Zentimeter.

Dann standen sie im zweiten Feld und sahen Harrer und Kasparek. Die beiden arbeiteten sich sehr langsam durch die Eiswand, ihren Zehnzackern fehlten die vorderen Hauen. Wiggerl jodelte hinauf. Von oben kam vages Winken und Einhalten. In einer halben Stunde hatten die Münchner aufgeschlossen, unsicher über das weitere Vorgehen und zu erschöpft, um alle Möglichkeiten zu Ende zu denken, die dieses Zusammentreffen am Eiger bedeuten konnte. Missgunst und Wettbewerb? Was erwarteten die anderen? Wer sollte wem nun den Vortritt lassen?

Die Münchner bildeten offenkundig die schnellere Seilschaft, wie im Rausch waren sie die Strecke bis jetzt gestiegen. Die Zuschauer an den Fernrohren in der Kleinen Scheidegg hatten die Zeiten der beiden ungläubig mit dem verglichen, was bisher als möglich galt. Und bis eben hatten sie zugesehen, wie sich die zwei dunklen Punkte schnell an die anderen herangearbeitet hatten und dabei nur auf den letzten Metern immer langsamer

133

wurden, als wäre mit einem Mal eine neue Schwerkraft auf ihre Rucksäcke gelegt. Aber jeder Zuschauer, auch der Wirt, hatte für sich gespürt, welche Ungewissheit es war, die an dieser Stelle die Bewegungen der Burschen lähmte. Dann schoben sich Wolkenfetzen vor den Berg, und alles Weitere geschah ohne Publikum.

Anderl stand als Erster vor ihnen, und als Wiggerl dazukam, war noch kein Wort gefallen, aber alles ausgemacht. Harrer hatte die Hand aus dem zerfetzen Handschuh genommen und dem anderen hingehalten. Stummer Einschlag. Man würde zusammen gehen. Kasparek, erleichtert und entkräftet vom Stufenschlagen, blieb sitzen. Wiggerl, erstaunt über die wenigen Worte und darüber, dass sie nie recht an diese beste Möglichkeit gedacht hatten, jauchzte ins Tal. Mit Verklingen dieses Freudenlauts kam ihnen allen die Begegnung schicksalhaft vor, als wäre mit dem Zusammengang der Gipfel schon gewonnen. Auf! Bald würden sie Neues erreichen, von dem noch nie etwas ins Tal gedrungen war.

Das Stufenschlagen übernahmen jetzt die Münchner, es war der erste Dienst ihrer jungen Kameradschaft. Zwei Uhr mochte es sein, als sie das letzte Eisfeld erreichten. Ins Eis gedreht, staken dort die Schraubhaken ihrer Freunde Max und Karl. An diesen Haken gesichert, hatten sie ihre letzte Nacht verbracht. Erschöpft und mutlos waren sie im Schneesturm erfroren. Ein paar Fetzen Stoff hingen noch an den steifen Seilstücken, ein Halstuch. Wiggerl steckte es ein. Er wollte es den Witwen bringen, genau wie die Kameraden ihnen vor zwei

Jahren die Leichen ihrer Männer gebracht hatten. Dann ließen die vier ihre Arme zwei Minuten lang hängen, als Zeichen der Andacht. Der Wind fuhr um sie, und zum ersten Mal an diesem Tag taten ihre Körper nichts. Statt zu beten, studierten sie alle still die besondere Lage dieses letzten Biwaks, das die Zeitungen seit der Katastrophe als Todesbiwak führten. Jeder kam dabei für sich zu dem Schluss, dass es in dieser Wandhöhe wahrscheinlich keinen besseren Platz für die Nacht gab. Ein Felsband, breit genug, um darauf gut zu sitzen, durch einen Überhang aus Eis und Fels vor direkten Lawinen geschützt. Jeder Bergsteiger hätte sich hier zum Lager entschieden.

Aber für sie war es zu früh. Sie würden noch fünf Stunden gutes Licht haben, sie mussten weiter. Vor ihnen lag der gänzlich unbetretene Berg. Das Ende des Schneefeldes und die folgende Rampe waren weniger scharf, als sie es von unten mit ihren Ferngläsern vermutet hatten. Aber der Zuwachs ihrer Seilschaft brachte Verzögerungen mit sich. Wiggerl beobachtete, wie schwer Anderl das Warten und Verständigen bald ankam. Die anderen beiden waren nun schon den dritten Tag in der Wand, und auch wenn ihre Bewegungen immer noch die von vortrefflichen Bergsteigern waren, hatten Müdigkeit und Kälte sie langsam gemacht, nicht nur im Steigen, auch im Studieren des Geländes, in der Reaktion auf Vorschläge und Warnrufe.

Bis zum Abend schafften sie so nur wenig über die Hälfte der Rampe. Rasend schnell war die Sonne hinter dem Joch verschwunden. Kasparek klagte seit Stunden über Gefühllosigkeit in den Fingern. Gegen sieben Uhr schlugen sie endlich Haken für das Nachtlager. Auf dem schmalen Vorsprung, den Harrer dafür entdeckt hatte, sicherte sich jeder mehrfach gegen das Abrutschen im Schlaf. Die Schlosserei, Seile und Rucksäcke baumelten teils frei über der Kante. Hunger hatten sie nicht, aber unermesslichen Durst. Mit einem kleinen Brenner schmolz Harrer in einem Blechtopf Schneeklumpen. Bevor sich das Eis ganz aufgelöst hatte, blinkten die Eisstücke noch kurz golden im Licht der Karbidkerze.

Jeder trank einen Topf des lauwarmen Wassers, und sie sprachen kein Wort. Wiggerl massierte Kasparek die Hände. Seine Erfrierungen waren weniger schlimm, als sie befürchtet hatten, er würde die Nacht ohne größere Schmerzen verbringen können. Trotz ihrer Erschöpfung aber wollte sich der Schlaf nicht gleich einstellen, zu überreizt war ihre Wachsamkeit. Also kochten sie erneut Schnee zu Wasser, und Wiggerl gab die Ovomaltine hinein, dazu nahmen sie Traubenzucker, Ölsardinen und Zwieback.

Der Wind hatte nachgelassen, zum ersten Mal seit Stunden war sein stetes Schleifen über die Felsgrate kaum zu hören. Kein Licht aus dem Tal, so dringlich die Männer nach einem Lebenszeichen suchten. Harrer schlief als Erster, im Sitzen vornübergebeugt. Die Kameraden, dicht an ihn gedrängt, dachten neidvoll an die friedlichen Orte, an denen er nun wandelte.

FÜNFZEHN

Schmuskatz hatte recht gehabt, der Quergang war nicht schwierig zu nehmen. Mit einer Hand hielt ich mich am hölzernen Handlauf, dessen seltsame Elastizität ich auf mein eigenes Schlingern schob. Die andere Hand untergriff den Trageriemen des Rucksacks. In dieser Haltung stellte ich im Gehen ein gewisses Gleichgewicht her, was nach dem ersten trunkenen Schritt nötig geworden war.

Das Licht war diffus, es gab kein Fenster auf diesem Abschnitt, und ein Nebelschleier, ähnlich dem nach dem ersten Erwachen, ließ sich nicht von meinen Augen reiben. Nach jedem Schritt blieb ich stehen, versuchte gleichmäßig zu atmen und mir meiner Lage gründlicher bewusst zu werden, aber gleich glitt alles wieder durcheinander, meine neue Furcht vor der Tiefe, die Schleier des Goldwassers, Schmuskatz' Rede vorhin und seine Grübchen im schwachen Licht. Es war M., die diese Grübchen hervorgerufen hatte, und ich hatte sie bei dem Alten auch gesehen, als er von Lisl Goldarbeiter sprach. All das dachte ich zwischen zwei Schritten, und erst als ich neuerlich einhielt und versuchte, das Rasseln meines Atems ein wenig zu dämmen, kam ich darauf, was es bedeutete.

In diesem Moment ruckte das Seil, das bisher in leichtem Bogen vor meinem Bauch gehangen hatte, und es ruckte so stark und überraschend, dass ich aus dem Stand gerissen wurde und hinschlug. Den linken Arm hatte ich unter dem Trageriemen und bekam ihn nicht rechtzeitig frei, deshalb prallte ich ungebremst seitlich auf den Boden. Der Stein hier schmeckte kalt nach Salz und Staub, dann ein wenig nach Blut.

Gefahr, dachte ich.

Nicole!, rief es schwach von schräg oberhalb.

Blubbernd gab ich laut. Ein Rauschen war in meinen Ohren, von dem ich nicht wusste, ob es vom Sturz rührte oder aus der Richtung kam, aus der Schmuskatz mich gerufen hatte. Immer noch war das Seil gespannt, ich hörte sein Knirschen und blieb liegen, die Füße gegen die Wand gekeilt.

Halten Sie! Halten!

Bewegung im Seil. Mühsam richtete ich mich auf, erst auf alle viere, dann in die Hocke, und schließlich kam ich gefährlich strauchelnd zum Stehen. Die Spannung des Seils hatte wieder nachgelassen, und auch als ich stand, hing es kraftlos ins Dunkle. Ich wollte nun schnell den Quergang hinter mich bringen und zu Schmuskatz aufschließen, um die Gründe für den Zwischenfall und das laute Rauschen zu erfahren, das mich jetzt umgab. Da ich mit den Händen nicht mehr den Handlauf erreichen konnte und nicht riskieren wollte, dass ich in die falsche Richtung ging, nahm ich das Seil mit beiden Händen, das mich unweigerlich zu ihm führen musste.

Doch es war tot. In Panik holte ich zwei Armlängen des Seils ein, immer mehr, bis ich schließlich das spleißende Ende in meinen Fingern fühlte. Die einzelnen Perlonstränge hatten sich zu lockigen Fäden ausgefranst, die Seele bestand aus einem mürben, zerleierten Zugband. Gerissen.

Ich hatte bei der Recherche für den Eiger-Text von Seilrissen gelesen, mir jedes Mal den trockenen, künstlichen Knall vorgestellt, der dabei kurz die Berggeräusche unterbrechen musste und der allen, die ihn hörten, allergrößtes Unheil ankündigte und es zugleich vollstreckte. Hier hatte es keinen Knall gegeben, oder aber das Sausen in meinen Ohren hatte alles übertönt.

Im Graulicht diesen neuen Tages stand ich minutenlang zitternd vor Kälte und Furcht in dem Quergang und wusste nicht, wohin ich mich wenden sollte. Ich versuchte Schmuskatz zu rufen, aber mein Mund war ausgetrocknet, und die Nebel schluckten meine kläglichen Laute. Ich machte ein paar vorsichtige Schritte in die Richtung, von der ich annahm, dass ich sie vor meinem Sturz eingeschlagen hatte, aber ich merkte am Gelände unter meinen Füßen fremde Unebenheiten und Spalten, die mich wieder zurückweichen ließen. Ratlos drehte ich mich auf der Stelle. Der überraschende Schmerz des Sturzes hallte noch immer in mir nach.

Der Morgen hatte die erwarteten Schrecken gebracht. Der Himmel über dem Jungfraujoch, das Erste, was jeder der vier sah, war dunkel geblieben. Anderl musste die Ölsardinen vom Vorabend erbrechen, es blieb ihm nichts anderes übrig, als dies vornüber auf seinen Biwaksack zu erledigen. Die anderen machten darüber kein Aufhebens.

Das Schlimmste war das Sortieren der gefrorenen Gerätschaften mit klammen Fingern, die steifgefrorenen Seile mussten neu aufgenommen werden, die Haken und Keile gezählt und verteilt. Mit Handschuhen war das ein mühseliges Geschäft, ohne Handschuhe aber lief man Gefahr, am Stahl festzufrieren. Nur weil sie die Prozedur schon so oft erledigt hatten, gelang es ihnen auch an diesem Morgen ohne allzu große Entmutigung.

Die Tiefe war dieselbe wie gestern, aber sie mussten sich erst wieder jeder für sich daran gewöhnen, und bis es so weit war, ließ jeder seinen Blick und seine Hände anhänglicher an der Wand laufen, als es nötig war. Sie stiegen als Viererseilschaft dann zunächst die Rampe bis zu ihrem Ende, Anderl und Harrer, Kasparek und Wiggerl. Dort begannen die Probleme. Der Ausstieg aus der Rampe war von dem nachfolgenden Schneefeld überdacht, eine Eiswulst ragte über ihre Köpfe. Sie standen eine ganze Weile ratlos vor diesem beispiellosen Hindernis. Mit Frontalzacken und geschlagenen Stufen war es nicht zu nehmen. Schließlich griff Anderl zwei Eisbeile und kletterte damit vorsichtig und ungesichert in den Überhang, als wäre es eine Felsnase im Klettergarten.

Nach bangen Minuten, die er hinter der Kante verschwunden blieb, hörten die Kameraden das Schlagen seines Felshammers auf Metall und noch viel später schließlich das Ersehnte.

Stand!,

wehte es aus der Eiger-Nordwand.

Einer nach dem anderen musste nun hinüber, gesichert immerhin von Anderl, aber doch jeder für sich einsam über dem weiten Tal. Manchmal trug der Aufwind etwas wie Kuhglockenklang von den Almwiesen bis zu den Männern, vielleicht war es aber auch nur das helle Schlagen ihrer Schlosserei an den Gurten. Sie verloren viel Zeit an dieser Stelle, Stunden vergingen, ehe endlich Wiggerl als Letzter die Passage gemacht hatte, und weil Anderl zum Weiterstieg trieb, hatte er kaum eine Minute Rast.

Düster war es, obwohl nach elf Uhr, immer noch kaum Tag geworden, als sie das letzte Eisfeld vor sich hatten. Es war enorm, mächtige schneegefüllte Runsen zogen sich aus seinen Rändern an allen Seiten durch den Fels. Diese Rinnen hatten ihm den Namen »Spinne« eingebracht, oder, Wiggerl war sich auf einmal nicht mehr sicher, war nicht eigentlich »Netz« der Name, den die Bergsteiger diesem Stück gegeben hatten, während sie von unten den Wandabschnitt studierten? Es wäre ihm nun jedenfalls treffender vorgekommen, ein eisiges Netz, an dessen äußerstem Rand sich vier Männer verfangen hatten und über das Nötige sprachen. Sie mussten vor dem Gewitter, das sich seit geraumer Zeit als schmutzig gelber Riegel aus dem Oberland in ihre Richtung schob, bis zum Gipfelaufbau gelangen. So entschieden sie, die Seilschaften wieder zu trennen, damit Anderl und Wiggerl ihre Steigeisen nutzen und am Ende der Spinne schon den Durchstieg zum Gipfel vorbereiten konnten, während sie auf die anderen warteten.

Es geschah. Gegen das Anschwellen des Sturms stiegen die beiden rasch hinauf, während Harrer und Kasparek abermals Stufen schlagen mussten.

Die ersten Hagelkörner kamen ihnen als Rinnsale aus den Felsen des Gipfelaufbaus entgegen, den sie nach einer Stunde erreichten. Sie standen in einer der großen Runsen, einem nach oben gestreckten eisigen Bein der Spinne, als das Wetter losschlug. Der Wind drückte in einem Moment gegen das Eis und schien sie im nächsten mit Leichtigkeit der Wand entreißen zu können. Nach oben war nur Weiß, unten, wo sie in direkter Falllinie eben noch die Kameraden in der Mitte des Eisfelds gesehen hatten, wogte grauwütende Gischt.

Eine Weile hielten sie geduckt aus. Dann kam die Lawine, ohne einen eigenen Ton. Sie ging wie stumm durch das Tosen in der Eisrinne ab, an deren Fuß die beiden Burschen an ihren Haken hingen. Verloren, dachte Wiggerl beim ersten drängenden Schwall der Eiskörner auf seinen Körper. Über ihre einfachen Helme, zwischen Rücken und Rucksack und mit einer Wut und Kraft, die ihnen unbedingt wie etwas Lebendes vorkam, riss die Lawine über sie weg. Wiggerl hatte sich mit seinem Eisbeil im ersten Ansturm noch einschlagen können und hielt nun den Schaft des Gerätes mit beiden Händen umklammert. Beine und Füße mit den schweren Stiefeln trieben haltlos im Strom. Das Gewicht im Seil zu Anderl war das Gewicht der Lawine, die immer noch anwuchs. In ihrem Schrecken dachten die beiden doch an die anderen, die nun ebenfalls von der Lawine erreicht worden sein mussten. An ihrer Stelle war das Schneefeld weniger steil, und sie würden sich dort kaum, wie Wiggerl und Anderl hier in der Senkrechte, unter den Eiskörnern wegducken können. Denn diese Lawine war keine Neuschneelawine, sondern eine gefrorene Wolke aus allem, was die münzgroßen Hagelkörner bei ihrem Niedergang durch die Rinne mitgerissen hatten, Firn und Eis und Stein.

Als der Druck nachließ, mochten zwei Minuten vergangen sein. Wiggerl sah zu Anderl, taub beide und deswegen einige Augenblicke in dem Glauben, mit dem Ende der Lawine sei auch der Sturm und alles andere verstummt. Ein Blick zwischen ihnen reichte, Anderls Tiroler Nase, sein gebranntes Gesicht, das unter der eisigen Kruste taute, voll wortloser Freude darüber, dies gegen jede Wahrscheinlichkeit überstanden zu haben und dass der Berg sie hier noch nicht bezwingen konnte. Taub suchten sie unter sich nach Bewegung, gruben mit ihren Augen in der schmutzig weißen Landschaft, die ihnen verändert vorkam und wie neu gefegt.

Die Sicht reichte in keine Richtung weiter als eine Dorflänge. Keine hundert Meter tiefer im Schneefeld zog sich Harrer aus der Wand, die ihn begraben wollte, barg das Seil und half Kasparek, der vorgegangen war

und sie beide noch mit einer Eisschraube in einer frischgeschlagenen Stufe hatte verankern können. Er schien
aber nicht ganz Herr seiner Bewegungen zu sein, beide
machten Zeichen nach oben, und Anderl und Wiggerl
ließen sogleich ein Seil hinab, an dem entlang die anderen sicher nachrücken konnten.

Dem Kasparek hatte ein Stein in der Lawine das
rechte Handgelenk aufgeschlagen, das Blut war als dun-
kelschwarz gefrorener Bart an seinem Ärmel. Kasparek,
der in diesem Februar die Nordwand der Großen Zinne
gemacht hatte, eine tollkühne Winterbegehung. Sie ver-
banden ihn im Seil hängend, und er versicherte mehrfach, dass dieser Unfall ihre Bergfahrt nicht beeinträch-
tigen würde. Gegen jede Erfahrung glaubten sie ihm.

Alles war durcheinander. Als hätte ich mit Schmuskatz
nicht nur Richtung und Kraft für unseren Aufstieg verloren, sondern auch Sinn und Mut, wagte ich keinen
Schritt mehr. Nichts anderes als betrunken stand ich im
vagen Licht und alles, das Fassbare und das Unfassbare,
drehte sich um mich, wobei das Erstere deutlich in der
Unterzahl war. Ich wünschte mich nirgends als in meine
übersichtliche Ruhe unter der Treppe zurück. Eine
freundliche Stille, in der ich mich bewegen konnte, war
es nicht von Anfang an das gewesen?

Hatte ich nicht unter der Treppe einige Zeit in köst-
licher Abgeschiedenheit gelebt wie noch nie zuvor?
Immer schon hatte ich als schönste Karriere jene Dorf-
frauen vor Augen, die mit einem Kissen auf der Fenster-

bank lehnen durften, halbe Tage lang schauten und von denen nichts mehr erwartet wurde, als dass sie Tag für Tag diese Stellung bezogen und so am Lauf der Welt zur Genüge teilnahmen. Wenn ich M. von diesen Sehnsüchten erzählt hatte, war ihre freundliche Nachsicht das Höchstmaß an Spott, zu dem sie überhaupt fähig war. Dabei war sie es, die ihre Tage im Bett zubrachte, während ich mir doch immerhin von morgens bis abends einen Weg bahnte durch die Verwerfungen jenseits unserer Türkette.

Mir war weinerlich zumute. Ich wusste, dass ich nicht weiter um M. kämpfen konnte als bis in diesen ersten Stock. Ich konnte den Rest nicht allein schaffen, und dieses Unvermögen war Ausdruck allen Unvermögens, das ich neben M. je empfunden hatte, sobald ich daran dachte, dass sie ihr Strahlen bei einem anderen lassen würde. Ich hätte nichts entgegenzusetzen gehabt. Was ich ihr sein konnte, war Lieferant und Schirm. Zu ihr hinaufklettern aber konnte ich nicht, nicht allein.

Voll Schmerz darüber buckelte ich auf, zog zornig wie ein Kind den albernen Rucksack vom Rücken und schleuderte ihn in die schauerliche Tiefe. Sein Aufschlag, gar nicht so fern, sein Rutschen, dann Stille. Wo war Schmuskatz, wo war alles hin, was ich errungen hatte in diesen letzten Tagen? Schmuskatz!, rief ich, und immer wieder: Schmuskatz! Es klang wie ein Vorname. Schließlich glaubte ich, die Reihenfolge meiner Rufe würde von einer zerhackten Antwort unterbrochen, und ohne Genaueres abzuwarten, stürmte ich in die Rich-

tung, aus der sich doch nichts anderes als das Echo zu-
rückwarf.

Nach einem Meter schon gab der Boden unter meinem rechten Fuß nach, instinktiv warf ich die Arme
schutzsuchend in die andere Richtung, bekam aber nichts
zu fassen als ein Stück gedrechselten Holzes, das sich
nicht packen ließ. Rückwärts fiel ich hinab, meinem
rechten Fuß hinterher, unter den Lidern ein rotes Gewitter aus Schlägen und Stößen, und bald schlug mein
Hinterkopf so hart gegen einen Stein, dass ich das Bewusstsein verlor.

Da war kein Schmerz, was ich auf den Alkohol
schob. Schneeflocken wirbelten um mich. Das Letzte,
was ich spürte, war, wie mein Körper immer williger der
Schwerkraft nachgab und wie aus meinem Strauchelen
ein Fallen wurde. Ich stürzte endlich. Anders als Wiggerl und Anderl und die anderen hatte ich mich im
Quergang nicht halten können.

Was jeder von ihnen wusste: Das Wetter wurde immer
noch schlechter. Schon baute sich die nächste Gewitter-
front auf, und Wiggerl sah, wie an den abgelegten Haken neben Anderl kleine blaue Flammen zahnten, das
Elmsfeuer, von dem immer wieder welche berichteten
und das er selbst noch nie gesehen hatte. Eilig warfen sie
ihr Eisenzeug in eine Mulde im Eis und suchten sich
davon entfernt einen Stand, was nicht gut möglich war.

Aber das Gewitter zog am äußeren Wandrand vorbei. Das Elmsfeuer zeigte sich nicht mehr, und trotz al-

ler Widrigkeiten war unter den vier Männern etwas wie Beschwingtheit. Etwa vierhundert, vielleicht sechshundert Meter noch, schätzte Harrer, waren es zum Gipfel, und das Gelände sah nicht allzu scharf aus. Nur vor den Wechten mussten sie sich in Acht nehmen, die hier über jedem Grat und jedem Felssporn wuchsen und bei denen nicht zu ersehen war, wo sie noch trugen und wo sie nur mehr haltlos in den Himmel gingen. Zwei Stunden Licht noch, vielleicht weniger. Es galt nun, so weit wie möglich in der Rinne zur Gipfelwand zu steigen und so hoch, wie sie nur kamen, das Nachtlager einzurichten. Es sollte das letzte sein.

Anderl führte sie wieder zu viert, und er fand einen herrlichen Weg über das Eiscouloir am Rand, wo sie weiteren Lawinen nicht mehr ganz so fatal ausgesetzt waren. Durch den Wetterumschwung war das Eis mürbe geworden, und ihre Steigeisen griffen gut. Kasparek jauchzte, trotz seiner Hand, und allen war das durchstandene Unheil nun eine weitere Bestätigung ihrer Glücksfahrt. Das Unglaubliche, das sie auf sich genommen hatten, wandelte sich in diesen Stunden. Es war aussprechbar und greifbar geworden, jedes Stück Fels und jeder geschlagene Haken der letzten zwanzig Stunden hatte die Verwegenheit ihrer Unternehmung gemildert, und jetzt, wo sie hinter dem starken Anderl so hinanstürmten, fühlten sie zum ersten Mal, dass das vor ihnen Liegende nur noch weniger sein konnte als das bereits Gewonnene.

Als es dunkelte, bot sich als Biwakplatz nichts außer einem kleinen Vorsprung, der von einem mannshohen

Eishöcker bewachsen war. Gemeinsam sprengten sie ihn ab und fanden, beengt, doch alle ihren Platz an dem kleinen Ort. Ihre Beutel waren noch voll Proviant, aber wieder ging nichts in sie hinein. Es war, als hätte die Anstrengung ihre Mägen versiegelt. Harrer deponierte im Schnee Konserven, Dörrfleisch und Stücke eines besonderen Brotes, das er auf allen Fahrten dabeihatte. Sie trauten sich hier nicht, wie sie es überall getan hätten, diese Überlast einfach in den Abgrund zu werfen, wie oft hatten sich am Eiger schließlich Kleinigkeiten als tödliche Fehler herausgestellt. Dann wiederholte sich das stumme Schmelzen und Trinken von gestern, das Einbrechen der Nacht und die in die Dunkelheit schrumpfenden Bergsteiger. Doch diesmal fanden alle schneller Schlaf.

Donner weckte sie, und dann die Lawinen, die nun unablässig gleich neben ihrem Vorsprung abgingen. Die Wetterlage war endgültig zum Schlechteren umgeschlagen, die wenigen Felsen, die sie um sich herum ausmachen konnten, trugen einen glasigen Überzug aus Blankeis. Gegen diese schlechten Boten stand in den Männern an diesem Tag, es war ein Sonntag, die nahe Ahnung des Gipfels. Sie war es, die sie beinahe munter gegen den Wind ansteigen ließ.

Ihre Situation war auf diesem Weg trotz der Lawinen komfortabler als gestern im Trichter. Einer positionierte sich so über der Rinne, dass er das restliche Stück, das ihnen nun noch blieb, einsehen konnte. Wann immer von dort der Staub einer Lawine aufstieg, gab er

Einhalt, und sie hatten ein paar halbe Minuten Zeit, sich einen Schutz zu suchen. Steinschlag brauchten sie hier oben keinen zu fürchten, mehr Bedenken machte den Männern ihre feuchte Kleidung. In der Nacht musste es geregnet haben, und immer noch brachte der Sturm keinen Schnee, sondern Wasser, das nach einiger Zeit die Wollpullover und Overalls zu halb gefrorenen, steifen Stücken werden ließ. Auch Kaspareks Wunde war nass.

Es war nach zwölf, als Wiggerl zum ersten Mal an diesem Tag seine Uhr aus dem Beutel kramte. Die letzte Rinne lag hinter ihnen, und vor ihnen stand ein schmales, gratendes Schneeband, dessen Ende sie zwar im Nebel nicht sehen konnten, von dem sie aber wussten, dass es das Gipfelband war. Oft hatten sie den winzigen Streifen im guten Fernrohr auf der Kleinen Scheidegg anvisiert und geschätzt, auch wenn sie damals noch nicht wissen konnten, ob die Gipfelroute überhaupt darüberführte. Nun waren sie angekommen.

Der Wind heulte hier oben über die Flanken, wie er es in der Wand nie getan hatte. Als wäre es der letzte Versuch der Elemente, sie aufzuhalten, mussten sie sich mit ihren Körpern gegen seine Wut lehnen, um Schritte zu setzen. Bang zog sich dieser letzte Anstieg hin, bang auch, weil alle wussten, dass es mit dem Gipfel nicht vorbei sein würde. Sie mussten auf dem Rücken des Eiger hinunter und einen Steig hinüber zur Station der Bergbahn finden. Auf den Karten war das ein harmloser Sattel, aber würden sie auch im Sturm noch die Richtung finden, in einem Gelände, in dem es wieder mehr gab als nur hoch und runter?

Anderl blieb schließlich stehen. Er wartete, bis Kasparek als Letzter aufgeschlossen hatte, dann gingen sie gemeinsam die letzten Schritte, bis es kein Weiter mehr gab. Als alles um sie herum niedriger war, gaben sich Wiggerl und Anderl die Hand, dann fielen sie sich leise in die Arme. Schnee schmolz auf allen Wimpern.

Zu viert durch den Eiger. Das letzte der großen Probleme gelöst. An einem Sonntag, etwas nach vier Uhr. Wie alles Erfüllte war es weniger wert als noch kurz davor. Harrer hatte Fähnchen dabei. Kasparek flüsterte mehrmals und wie ein Gebet: This top is. Die letzten Worte eines Freundes, der mit diesem Jubel auf den Lippen vor drei Jahren über eine Gipfelwechte hinausgestürzt war. This top is. Und dabei blieb es.

SECHZEHN

Ich wachte auf, das Kinn auf braunen Bodenkacheln. Alles tat weh. Ich drehte mich auf den Rücken. Über mir lag das Treppenhaus im stillen Morgenfrieden. Es tat gut auf dem Rücken. Nichts war zu tragen. In dieser Lage, dachte ich, müsste man allem begegnen. Halb schirmte mich wieder der Treppenwinkel ab. Die Ereignisse der Nacht zogen sägerau und unscharf vorbei, mit Fehlstellen. Ich war abgestürzt. Aufgeschlagen hier am Treppenfuß. Zerschmettert womöglich.

Etwas später konnte ich die Knie anziehen und besah sie mir gründlich. Es war immer noch dieselbe dunkle Anzughose, die ich an dem Tag im April getragen hatte, an dem ich meine Wohnung nicht mehr betrat. Der Berg, der Paprika hatten ihr nichts angetan. Mein Hemd war bis oben hin intakt. Selbst meine Schmerzen waren nicht stark genug, um zu dem gewaltigen Absturz zu passen, der sich auf meinen Lidern als feuriger Scherenschnitt abbildete, sobald ich die Augen schloss. Sie waren bei genauer Betrachtung nichts als die Schmerzen eines Mannes, der in verdrehter Lage auf einem kühlen Kachelboden geschlafen hat.

Wenn das so war, überlegte ich, könnte ich jetzt auch

aufstehen. Ich klopfte den Staub aus meinem Hemd und von der Hose. Hinten, tief in der Treppenecke, lagen mein Mantel und die Tasche. Alles war so frisch heute. Sogar die Barthaare, die ich an meiner Wange erfühlte, hatten keine nachgiebige Weichheit, sondern stachen kurz und hart aus der Haut, ganz so, als hätte ich mich nur einen Tag nicht rasiert.

Als ich die vertraute Ausstattung an mich genommen hatte und gerade nicht wagte, zu Schmuskatz' Wohnung zu sehen, ging die Tür des Metzgers auf. Duft nach Kaffee und Leberkäse, karierte Hose und sein geschäftiger Gruß gingen an mir vorbei. Er verschwand im Hinterhof. Noch vor seiner Rückkehr hatte ich das Haus verlassen. Den Eiger-Text in seiner unübersichtlichen Größe konnte ich bei diesem eiligen Aufbruch nicht finden. Alles, was davon geblieben war, schien ein Stück Kerntext, das ich so sicher vor Augen hatte und mit mir trug wie früher ein auswendig gelerntes Gedicht in die Schule.

Draußen ging alles auf. Die Forsythien in den Vorgärten blühten so ordinär, wie Schmuskatz es beschrieben hatte. In der U-Bahn stand ich in Nachbarschaft eines alten Mütterleins, das unentwegt vor sich hin sprach und so die Stationsansagen des Schaffners übertönte. Am Marienplatz endlich nahm ich nach oben zwei Stufen auf einmal. Von hier waren es nur ein paar Schritte in die Redaktion. In den verspiegelten Fenstern der Kaufhäuser prüfte ich mein Äußeres und fand es nicht wesentlich verändert. Niemand würde etwas bemerken.

Das Zeitungshaus hatte seinen Eingang in einer kleinen Seitenstraße, man betrat zunächst durch eine Drehtür eine dunkle Lobby, die von zwei hochnäsigen Pförtnern überblickt wurde. Zwei Aufzüge für sechs Stockwerke, und unter der Treppe, die den Aufzügen gegenüberlag, gab es keine Hohlräume, wovon ich mich mit einiger Erleichterung rasch vergewisserte. Im Aufzug grüßte mich ein Mann, den ich nicht kannte. Er machte eine Bemerkung über den Föhn, der glücklicherweise gestern Nacht zusammengebrochen sei. Ich nickte dankbar, auch wenn mir sein Ausdruck in diesem Zusammenhang ein wenig zu körperlich schien. Die Schmerzen des Morgens waren verschwunden, bis auf ein leichtes Ziehen im Nacken und den Rücken hinab.

Der Aufzug hielt für mich im Fünften. Wenn man in diesen Stock des Zeitungshauses trat, umfing einen zu beinahe jeder Tageszeit die gleiche Verzahnung von unbedingter Eile mit unangemessener Gelassenheit, die den Berufsalltag der Redakteure kennzeichnete. In einem großen Raum mit fünfzehn Schreibtischen, getrennt durch brusthohe Regale, arbeiteten zunächst Volontäre und junge Redakteure sowie alle, die nur an einigen Tagen der Woche kamen. Hier herrschte die Eile vor. An diesen Bereich schloss sich ein Gang mit Türen an, einige von ihnen weit offen und mit Blick auf weitere Schreibtische, weiteres Papier. Hier saßen die Redakteure und Reporter, und von hier wehte die Gelassenheit, die man, je nach Laune, als Zeichen der Erfahrung wertschätzen oder als Symptom von Selbstzufriedenheit belächeln konnte. Mein Büro lag in der Mitte des Ganges. Das Zimmer hatte eine Fensterfront, die ohne Rahmen von der Decke bis zum Teppichboden reichte. Die Jalousie war halb heruntergefahren, unten sah ich Mitarbeiter der Kantine, die in weißen Kitteln einen kleinen Lieferwagen entluden.

Ich fühlte mich gut und schrieb an diesem Tag die Eiger-Geschichte zu Ende. Mit ungekannter Eleganz kürzte ich dabei Passagen, anderes brachte ich in geglückte neue Formulierungen, die parat lagen, wie ich es noch nie erlebt hatte. Es war, als läge über dem Text ein Schnittmuster, das ich bisher nicht gesehen hatte. Schon kurz nachdem die Mittagszeit auf den Plätzen des Stockwerks für heftiges Scharren, für Knäuelbildung und lebhaftes Ineinander gesorgt hatte, war ich fertig. Fünf Seiten.

Zufrieden trug ich eine Kopie davon zum Ende des Ganges, wo die Zimmer der beiden Chefredakteure lagen. Sie hatten sich darauf geeinigt, dass derjenige von beiden, der für das Tagesgeschäft zuständig war, dies anzeigte, indem er seine Tür angelehnt ließ. Die betreffende Sekretärin war in der Mittagspause, der Chef selber, er war der leutseligere von beiden, saß am Schreibtisch und las in der eigenen Zeitung. Wir besprachen uns kurz und in freundlicher Aufmerksamkeit, wenn ich es auch nicht Vertrautheit nennen möchte. Da gab es andere. Ich beschrieb noch einmal kurz den Anlass für die Geschichte, den Tod Heckmairs, der, wie ich wohl wusste, eigentlich zu lange zurücklag, um eine Tageszeitung noch zu beschäftigen. Da aber der Lokalteil gerade eine Serie aufgelegt hatte, in der es um vergessene Helden der Stadt ging, gab es auch jenseits aller Aktualität mehr als genug Platz dafür. Ich hatte erwartet, dass er mich vielleicht auf mein unentschuldigtes Fehlen ansprechen würde, aber der Chef schien nichts dergleichen bemerkt zu haben. Im Gegenteil, er lobte noch meinen Einsatz in der gestrigen Konferenz. Ich erinnerte mich nicht, dankte aber mit ernstem Nicken.

Den Nachmittag verbrachte ich mit dem Aufräumen meines Schreibtischs, sortierte die wenige Post und schichtete die Ablage um. Alles war leicht, seit der Eiger-Text auf Papier war, und ich genoss es, wie seine Einzelteile, seine Absätze und Wegmarken immer tiefer im Nebel verschwanden. Der Chefredakteur hatte noch mal angerufen und mitgeteilt, dass ihm der Artikel durchaus gefalle, er müsse an einigen Stellen aber noch deutlich gekürzt werden und ob ich das übernehmen wolle? Ich lehnte ab, der zuständige Redakteur sollte das machen, es war mir ganz gleich.

Gegen vier verließ ich die Redaktion als einer der Ersten und trat beschwingt den Heimweg an. Durch die Leonrodstraße spazierte ich wie immer, kaufte in der Bäckerei das letzte Brot und in einem Papiergeschäft einen großen Lampion aus blassgelbem Chinapapier für M.

Jemand hatte unsere Haustür mit einem Keil am Zufallen gehindert. Ein kleiner Lieferwagen war auf dem Gehweg vor der Metzgerei geparkt, dahinter konnte ich durch die Scheibe den Metzger sehen. Mit gleichmäßigen Bewegungen besorgte er einen Aufschnitt.

Ich betrat das Haus, nah an jenem Gefühl, mit dem ich einmal nach vielen Jahren meine alte Grundschule wieder betreten hatte. Alles war bekannt, nur die Dimensionen hatten sich verändert. Die Winkel und Abstände schienen nicht mehr zu stimmen, und die wirklichen Plätze erwiesen sich beim Abgleich mit der Erinnerung als seltsam halbwahr. Ich sah von weitem, dass keine Zeitung in unserem Briefkasten steckte, und so ging ich an dem Treppenwinkel, an dem ich noch vor Stunden aufgewacht war, achtlos vorbei und die Treppe hinauf.

Nichts war vor unserer Tür, keine Schuhe und kein Anlass, etwas zu fürchten. Kurz horchte ich hinein, dann schob sich der Schlüssel ins Schloss, und auf allergewöhnlichste Art öffnete sich die Tür in unsere Wohnung.

M. saß auf dem Sofa und las, in der letzten Sonne, die unsere Fenster erreichte. Wie immer hatte sie beim Lesen die Beine untergeschoben, sodass sie gleichzeitig vor dem Buch kniete und thronte, das vor ihr auf der Sofakante lag.

Als ich eintrat, knickte sie ein winziges Eselsohr in die aufgeschlagene Seite, eine Bewegung, die ich schon so oft bei ihr gesehen hatte. Das Buch war dünn und hatte einen safrangelben Umschlag, ich kannte es gut.

Dann sah sie mich an, auf jene Art, die mich nie etwas anderes denken ließ als: Bright and shiny.

Wo bist du gewesen?

Sie lachte, es war nicht ernst.

Vage deutete ich mit dem Arm hinter mich.

Nur draußen, unten. Während du …

Es war keine Frage, aber es klang so.

Sie sagte nichts, schluckte nicht, holte keine Luft. Dann, leise, wie noch kein Mensch gesprochen hat:

Pour Nicole et pour notre ami aux cheveux gris.

Ihr Französisch war wie Musik von weit her. Unser Freund mit den grauen Haaren, das Buch auf ihren Knien: Es war gut.

Ich sah mich um. Etwas hatte sich hier verändert, aber ich konnte nicht gleich sagen, was es war. Die Trockenblumen standen wie immer, Stuhl und Tisch in ihrer Formation. Ihr Bett war gemacht, die Bücherstapel, die es stets einmauerten, hatten sich aufgelöst. Da, in den Augenwinkeln, bemerkte ich etwas Altes, das sacht ein paar Federn ließ.

M. kicherte.

Heute abgegeben worden, ohne Absender.

Aber das war es auch nicht. Das wirklich Neue kam vom Sofa, wo sie saß. Es kam von M. Die Fenster hinter ihr waren weit geöffnet. Den gefalteten Lampion in der Hand ließ ich sinken und ging zu ihr.

Es ist noch kein Hausbär, aber ein Hausreiher immerhin,

sagte sie sanft, und dann:

Küssen.

Alles an ihr war übervolle Nachmittagssonne. Sie dankte für den Lampion und sprang auf, ihn zu öffnen. Zart spannte das Papier, als es zur Kugel wurde.